教育者的认知升级

万玮 / 著

目录

CONTENTS

下编　教育者的修养

自序

一

刚做老师时，我是个追求效率的人，我希望学生在学校里、在课堂上争分夺秒地学习，不要开小差，不要浪费时间。

后来，我认识到，处在童年期、青春期的孩子总是会犯错，犯错是成长的必经之路。于是，我的要求变成了“吃一堑，长一智”“相同的错误只能犯一次”“不在同一个地方摔倒两次”。

再后来，我意识到有些孩子就是很晚才觉悟，在学校里就是迷迷糊糊的，就是会犯困，就是表现得“不务正业”。在外人看来，他们似乎无所事事，喜欢整天发呆或者闲逛。但发呆或者闲逛本身也是有价值的，是为未来的觉醒积攒能量。

有一天，我猛然觉悟：发呆也好，闲逛也好，我之所以能包容，是因为我在乎的是后面的觉醒。如果孩子一直不觉醒呢？我还是太功利了。

那一刻，我想起了德国哲学家伊曼努尔·康德（Immanuel Kant）的观点：人是目的，而不是工具。

美国教育家约翰·杜威（John Dewey）在教育领域把这个观点进一步深化。他认为，教育即生长。他说，教育的过程，在它自身以外没有目的，它就是它自己的目的。也就是说，教育的目的就是生长，除此之外没有其他目的。

杜威的思想深刻影响了我。成为校长之后，我秉持的就是“生长”的教育观。我和管理团队努力在校园里营造“平而不庸，和而不同”的文化，把学校打造成一个以学习共同体为纽带的生态系统。我的信念是——万物生长，各自高贵。我的期待是——水土丰美，百花盛开。

在我的心中，“生长”是全方位的——学生的生长，教师的生长，管理者的生长，家长的生长，组织的生长，社区的生长，社会的生长。这些不同主体的生长环环相扣，相互影响，相互浸润。

本书主要关注的是教育者的生长。

“生长”这个词过于理想化，真实的人生不可能除了生长之外没有任何其他目的。因此，我们通常用成长来取代生长，成长有一定的指向性。有些人对成长下了这样一个定义：所谓成长，就是认知升级。

二

人与人最大的差别，是认知的差别。教育者亦如是。

认知层面不同的人相互之间很难交流。美国企业家埃隆·马斯克（Elon Musk）在一次采访中说过一句经典的话：“我现在都不跟人争吵了，因为我开始意识到每个人只能在他认知的水准基础上去思考，以后若有人告诉我 2+2=10，我会说：‘你真厉害，你完全正确。’”

过去这些年，提升管理团队的教育认知，一直是我作为校长的重要工作内容之一。

我们成立了教师发展中心，专注于教师的专业发展。

我们改革了中层干部的行政例会，将它打造成为一个以学术交流为主、布置工作为辅的专业平台。

每学期开学前的全校教职工大会原来也以布置具体工作为主要内容，我将它改造成“校长讲坛”。自2016年起，我每学期都做开学演讲，演讲稿在学校的官方微信公众号上发布，在一定范围内产生了一些影响。

每学期结束前，我们总会抽出时间举办教师讲坛，邀请青年教师讲述在各自工作岗位上的成长故事。

寒暑假里，我们会给教师充足的休息时间，中层干部则要参加培训。培训的主要目的是打开视野，提升认知。过去这些年，我们集体学习过如何使用“教练技术”“引导技术”“焦点咨询技术”等管理学工具，了解过“NLP演讲”“萨提亚模式”“家庭系统排列”“U型理论”等心理学前沿技术，研修过王阳明心学、产品思维、“六顶思考帽”等理论体系，共读过《教学勇气：漫步教师心灵》《管理十诫：影响你一生的管理哲学》《熵减：华为活力之源》《高效能人士的七个习惯》《教育3.0》等数十本管理类及教育类书籍。我还给中层干部做过几十场演讲。

校长班子的理念要靠中层干部去贯彻落实。上海市民办平和学校（以下简称“平和”）过去这些年取得飞速发展，令行业瞩目，中层管理团队发挥了至关重要的作用。

三

这本书收录了我过去几年在各类培训中的演讲，我于2022年8月完成初稿。8月下旬，日本企业家稻盛和夫去世。

作为一名教育者，我读了很多管理学著作。我比较钦佩的人，除了华为的任正非，就是稻盛和夫。

稻盛和夫是日本企业家，但他研读最多的却是中华文化。他的管理处处体现出对中国哲学精神的觉悟。

在稻盛和夫心中，员工是排在第一位的。员工不是被管理的对象，而是企业的主人。企业的价值不是盈利，而是让员工幸福。

事实上，如果员工有幸福感，对企业有归属感，全心全意为企业服务，企业怎么会不成功呢？

人类的悲欢是相通的，管理的道理也是相通的。人不是工具，人就是目的。连企业管理者都能有这样的认知，学校管理者岂能不知？

2023 年暑期，我在学校中层干部培训中演讲的主题是“27 年来，平和做对了什么”。演讲文字稿在“平和教育”微信公众号上发布后，一位来平和工作七年的青年教师在自己的朋友圈转发，并写下这样一段文字：“作为一名老师，七年来我的感受是：平和让职工享受工作，提升工作能力，在平凡的岗位上实现人生价值，这就是教育界稀有的成功。”

稻盛和夫的许多经营理念广为流传，其中“六项精进”的说法影响深远：

①付出不亚于任何人的努力。

②要谦虚，不要骄傲。

③每天要反省。

④活着，就要感谢。

⑤积善行，思利他。

⑥不要有感性的烦恼。

稻盛和夫被誉为“经营之圣”，在我看来，根本原因是他对于人生、自我的认知已经圆融通透，他已经“悟道”了。

如果说认知有尽头，这个尽头就是“悟道”。

四

平和高中部的一位学生赵思甜在校内发起成立了一个社团，叫正念冥想社。正念冥想社在2023年暑期举办青少年正念大会，赵思甜邀请我录一段致辞的视频，我欣然同意。对于学生自主自发的成长需求，我总是尽可能满足与支持。在致辞中我谈了对于“正念”的理解。正念与注意力和觉察有关，它是一种有意识的、不做价值判断的、对当下的觉察。

有人说，人如同一个木桶，如果桶底太高，便装不了多少水；要想装很多水，桶底就得低一些。这个“桶底”就是“自我”。可是如果装太多水，桶底受到的压力太大，人就会产生心理问题。因此，所谓的顿悟，就“如桶底脱”，桶底脱落了，水倾泻而下，人心就畅快了。

桶底的这个从高到低到脱落的过程，就是从“大我”到“小我”到“无我”的过程。

成长也是修心。做教育这么多年，我不断提升对自我的认知。我很享受这个过程。所谓成长，就是“我”越来越小，越来越不重要，而悲悯、感恩、利他之心与日俱增。

万玮

2023年8月

上编

认知的节奏

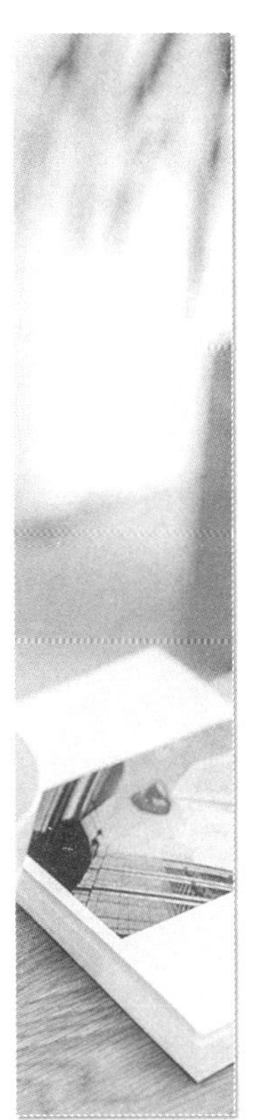

认知的节奏

“学生是有血有肉的人，教育的目的是激发和引导他们的自我发展之路。”这是英国数学家、哲学家、教育家艾尔弗雷德·诺思·怀特海（Alfred North Whitehead）在《教育的目的》一书中的名言。我刚走上教师岗位时，这句话给了我很大的启发。

我这次想跟大家分享的是《教育的目的》这本书的第二章“教育的节奏”中一个影响深远的观点。

怀特海认为，人的智力发展分为三个阶段，分别是浪漫、精确、综合，这三个阶段循环往复。大体而言，人在童年和青春期是浪漫的，充满了不切实际的幻想；成年之后踏入社会，需要脚踏实地，逐渐变得精确；到了中年，对很多事情有了更深的感悟，不再简单地以是非对错来做判断，这就是综合了。

我将此看作认知的节奏。我们初识一个人，仅凭第一印象对他有模糊而朦胧的认知；相处一段时间之后，对这个人的秉性脾气会有客观准确的了解，其间会发生很多故事，产生纠葛与裂痕，出现误解和矛盾；最后经过激烈的思想斗争或戏剧化转折，双方尽释前嫌，和好如初，革命情谊在考验后得到巩固。

成长就是认知升级。就如何利用这种认知的节奏来指导我们的工作和生活，我来谈谈我的理解。

一、浪漫

浪漫的本质是神秘与不确定，具有艺术的美感，因而让人充满期待与幻想。

《麦田里的守望者》一书的作者 J.D. 塞林格（J.D. Salinger）在其小说《破碎故事之心》里写过一句话："Love is a touch and yet not a touch." 这句话的意思是，一段爱情中最浪漫的部分，是即将开始而尚未开始。

推而广之，一段伟大旅程最浪漫的部分，就是即将开始而尚未开始。

关于"浪漫"，我谈谈自己的两点感悟：一是理想主义，二是想象力。

1. 理想主义

作为一种国际课程，IBDP 课程[①]广受追捧，最重要的原因在于其理念闪烁着理想主义的光芒。例如，IBDP 课程明确提出要培养学生的十种品质，分别是：

勇于探究（inquirers）
学识渊博（knowledgeable）
善于思考（thinkers）
擅长沟通（communicators）
坚持原则（principled）
思想开放（open-minded）

① IBDP 课程指国际文凭组织的大学预科项目，此项目是为学习动机较强的 16～19 岁学生设立的，时长两年。——编者注

富有爱心（caring）

勇于尝试（risk-takers）

平衡发展（balanced）

勤于反思（reflective）

在实践中，IBDP 课程也重视培养学生的这些品质。今天许多做课程创新的教育者都会从 IBDP 课程的理念中汲取灵感。

做教育需要理想主义情怀。理想主义者不一定能成为好的教育者，但没有理想的人，一定不会是好的教育者。理想主义者通常有两个特征，第一个特征是立志，立大志。

《史蒂夫·乔布斯传》一书的最后一章里有一段乔布斯的自述：

> 我的激情所在是打造一家可以传世的公司，这家公司里的人动力十足地创造伟大的产品。其他一切都是第二位的。当然，能赚钱很棒，因为那样你才能够制造伟大的产品。但是动力来自产品，而不是利润。斯卡利本末倒置，把赚钱当成了目标。这种差别很微妙，但它却会影响每一件事：你聘用谁，提拔谁，会议上讨论什么事情。[①]

约翰·斯卡利（John Sculley）是一位营销天才，在加入美国苹果公司之前，他是美国百事公司总裁，在他的任期内，百事可乐成为与可口可乐并驾齐驱的品牌。史蒂夫·乔布斯（Steve Jobs）邀请斯卡利加入苹果公司的过程非常传奇，在与斯卡利会面时，乔布斯发出了惊天一问："你是想卖一辈子糖水，还是想跟着我改变世界？"

斯卡利成了苹果公司总裁之后，与乔布斯在经营理念上产生了巨

---

① 艾萨克森. 史蒂夫·乔布斯传 [M]. 管延圻，等，译. 北京：中信出版社，2011: 612.

大分歧，后来他反客为主，竟然将乔布斯赶出苹果公司，这是后话。

我们再看另一个人，他出生于 1971 年。

8 岁，每天阅读 10 个小时，把小镇图书馆的书都读完了。

9 岁，父母离异。

12 岁，开发了游戏软件 Blastar，赚取了 500 美元。

14 岁，读《银河系漫游指南》等一系列科幻小说，遭遇校园霸凌，明确了拯救人类的人生使命。

18 岁，开始读大学。

24 岁，和弟弟创办“Zip2”公司。

28 岁，出售“Zip2”公司并获得了 2200 万美元，之后创办在线金融服务和电子邮件支付业务公司“X.com”。

29 岁，“X.com”公司与 Confinity 公司合并，成立 PayPal。

31 岁，出售 PayPal 股份，获得 1.65 亿美元，创立 SpaceX 公司来建造火箭。

33 岁，投资特斯拉公司。

42 岁，发布超级高铁（Hyperloop）的概念设计。

46 岁，创立隧道公司 The Boring Company。

…………

大家应该都知道这个人的名字——埃隆·马斯克。

马斯克的志向在一般人看来简直匪夷所思，然而这些年来，他的梦想竟一步步实现。这么多人不理解他，嘲笑他，只能说明，地球不配拥有他，他是“来自星星的你”。

理想主义者的第二个特征是发心，发善心。

有人曾经向日本著名实业家稻盛和夫当面咨询：中国企业家是应该向欧美企业家学习，还是应该向日本企业家学习？稻盛和夫回答说，在术的层面应该向欧美企业家学习，在道的层面则应该向日本企业家学习。而道，应该从中国传统哲学中去寻找。当被他人追问中国传统哲学中的道究竟是什么时，稻盛和夫平缓地说出四个字——敬天爱人。

稻盛和夫论述企业经营理念的代表作是《成功的真谛》。读这本书时，我有一种错觉，仿佛读的是中国哲学，或者是一本中国大家族的家训。在书中的小标题里，我看见了“利他之心”“动机至善”“满招损，谦受益”等语句。稻盛和夫在企业经营中把中国传统哲学运用到了极致。

有人说，这些理念不稀奇呀，我都懂啊，但我怎么一事无成？那是因为你并没有真正践行这些理念。稻盛和夫说，理念这种东西，如果领导者本人不相信，而是从别人那里借来的，是一文不值的。他认为，我们没有必要把经营理念想得那么高深。理念可以很简单，自己从心底相信才能称之为理念。

想一想，我们在遇到困难时，在要做出决策、不得不采用雷霆手段时，多大程度上遵循了“利他之心”“动机至善”？有人说，我自身都难保了，哪里还能考虑他人？这其实是一个思维习惯的问题。

宋代以后，中国儒生必读的一本入门级读物是《大学》。《大学》开篇就讲：“大学之道，在明明德，在亲民，在止于至善。”紧接着就讲格物致知，诚意正心，修身齐家治国平天下。这就是《大学》最核心的“三纲八目”。

我们做所有事情之初，先要“诚意正心”，然后修身。修身的结果是，再也不需要刻意追问发心，发心就是至善。

北京大学教授李零曾在他的书中描述过这样一个场景：

有一次，在三联书店二楼的咖啡厅等人，顾客除我，只有一伙年轻男女，在隔不太远的另一张桌子上，好像是开会。

他们高谈阔论，话题是药品生意。其中一人说，卖药就要卖“治不好病”的药——准确地说，是专治那些根本就治不好，但患者希望治好，而其实还是治不好病的药。比如风湿、乙肝，肯定治不好，正是因为治不好，这样的药才特别好卖，不管多贵，都有人买。不错，你说这样做不道德，但我只是违反普通人的道德，并不违反商业道德。普通人的道德，只有等你赚到李嘉诚的地位才能讲……[①]

这样的人，缺的就是“诚意正心”这一课。他们即便短期内能成功，也必不长久。

2. 想象力

我曾经想如果有一天退休了，该去干什么，后来觉得写小说或者电影剧本可能是个不错的选择，因为我经常做有意思的梦。我一边做梦，一边赞叹：这个故事真是太精彩了，现实世界里的人根本想不到。要是有人能发明一个方法，可以让人在半梦半醒之间把故事记下来就好了。因为等人清醒后再记录，就只能抓住一些碎片。

我最近就做过一个神奇的梦，具体内容不记得了，依稀记得梦的结构。大家可以想象一个三维的物体，从正面看它是圆形，从上面看它是三角形，从侧面看它是长方形，这样的物体大家想象得出来吗？

我的这个梦就是这样的。它应该是一个侦探故事，若把这个故事中的主要元素提取出来按时间顺序排列，可以成为几个不同的符合逻辑的故事，旁观者看到的是不同的元素，组合起来又是另一个全新的故事。这个梦颇似一种隐喻，生活中的很多事都是这样，你这样看，他那样看，得出了完全不同的故事。如果一定要像一个侦探一样，执

① 李零. 去圣乃得真孔子：《论语》纵横读 [M]. 北京：生活 · 读书 · 新知三联书店，2008：题词页。

着于寻求唯一的真相，那真相又到底是什么？

听着就很有意思是不是？

其实，我们每个人生来就有想象力，遗憾的是，随着年岁的增长，想象力逐渐丧失，只能偶尔在梦中出现。

以色列历史学家、哲学家尤瓦尔·赫拉利（Yuval Harari）在《人类简史：从动物到上帝》一书中提出，人类的祖先智人之所以能够崛起并统治地球，正是因为智人拥有其他物种不具备的一项能力——虚构。现代社会中的诸多概念，诸如金钱、国家、企业、宗教等，都是想象的共同体。

德国哲学家马克斯·韦伯（Max Weber）说，人是悬挂在自己编织的意义之网上的动物。世界的本质是虚空，然而人类却把生活过得有声有色，所依靠的就是想象力。

美国著名未来学家、趋势专家丹尼尔·平克（Daniel Pink）在《全新思维：决胜未来的6大能力》一书中提出，随着人工智能的崛起，未来人类的右脑思维将会越来越重要，因为左脑负责理性，理性的部分很容易被人工智能所取代，而右脑负责感性，很难被替代。他认为，未来职业成就和个人的满足将越来越多地取决于6大必备能力——设计感、故事力、交响力、共情力、娱乐感和意义感。

故事力是指，如果有故事要会讲故事，如果没有故事要会编故事；交响力是指我们要像作曲家创作交响乐一样，把不同的器乐、不同的声部组合成和谐统一的音乐；共情力则是指理解他人、和别人产生共鸣的能力。以上这些都需要想象力。

《世界是平的——21世纪简史》一书的作者托马斯·弗里德曼（Thomas Friedman）提出一个观点：今天的世界，不应再按照人均国内生产总值划分为发达国家和发展中国家，而是应该按照想象力的高低，划分为高想象力国家和低想象力国家。而且，按照他的看法，所有人也应该这样划分，要么是高创新、富有想象力的人，要么是低创新、缺乏想象力的人。

弗里德曼列举了三种思维方式：工匠、侍者和新移民。工匠有一种专注精神，把事情做专业，做到极致，成为专家；侍者则体现了一种灵活性以及服务精神；新移民则代表不断学习、敢于行动的精神，因为他们进入新环境，人生地不熟，必须调动全部聪明才智，才能安身立命。

对照一下，很多人连工匠精神都不具备，更不要说另外两种思维方式了。

现代营销学奠基人之一西奥多·莱维特（Theodore Levitt）写了一本书《营销想象力》，他在书中讲了一个故事。

1900 年伦敦的一家报纸刊登了一则招聘广告，广告很短，只有 49 个字，但是广告一登出，立刻应者云集。这则广告是这么写的：“招募男士参加冒险旅行。工资很少，环境严寒，数月不见天日，危险四伏，可能无法全身而归。成功之日，光荣和赞誉纷至沓来。”

这就是一个具有想象力的广告文案。莱维特认为，所谓“营销想象力”，就是对顾客的需求做出富有想象力的响应，理解顾客最真实的需求，抓住企业经营的本质，从而创造性地制定针对顾客需求的企业运营计划。

这则广告击中了许多人心中对于荣誉的需求，因此才有那么多人去应聘。

如果你害怕面对未知的充满不确定性的世界，那么你多半缺乏想象力。因此，从现在开始，在空闲的时候，让我们尝试发掘、训练自己的想象力吧。

畅销书作家马伯庸是这方面的楷模。他曾经介绍一个做法，先设想一个起点，例如一个人在沙漠里发现了一整块十吨重的黄金，该怎么做？由此拓展开去，想象各种可能，各种细节，细节一定得真实，这样才能让想象变得更有质感。

这种想象训练，实际上分为两步：第一步，想象一个起点，或者想象一个终点，甚至一种结构；第二步，想象具体路径，细节要真实，内在逻辑要经得起推敲。

当你开始想象路径和细节并且思考内在逻辑的时候，浪漫就慢慢退去，精确浮现出来。

二、精确

在欧美科学家中流传着这样一个笑话。

一个工程师、一个物理学家和一个数学家一起坐火车在苏格兰地区旅行。他们看见窗外有一只黑色的羊。

工程师说："哈！苏格兰的羊是黑色的！"

然后，物理学家说："不能这么说，你只能说苏格兰有些羊是黑色的。"

这时候数学家说："苏格兰至少有一个地方，其中至少存在这么一只羊，它至少有一面是黑色的。"

即便不是理工科毕业，我们也可以提升自己做事的精确性。有两种思维必不可少：一是模型思维，二是工程思维。

1.模型思维

狭义的模型是一种微缩物品。法国人类学家克劳德·利维－斯特劳斯（Claude Levi-Strauss）观察到，微缩物品也许能够彻底颠覆我们认知事物的方式：我们无须再通过循序渐进的观察一点儿一点儿地了解全貌，而是一眼就能看清事物的全局，当即明白其中的道理。

广义的模型是一种思维方式。我们是如何认知与理解世界的？抽丝剥茧后，我们一定会发现一个模型。

有人认为性格跟血型有关，并根据血型把人群分为四类，这就是一个模型。

星座学说更为流行，对于全球几十亿人来说，12 个星座显然不够，因此衍生出太阳星座、月亮星座、上升星座等复杂的理论体系。

中国古人信奉阴阳风水，生辰八字。曾国藩特别擅长相面，他写过一本书《冰鉴》，专门讲如何通过面相来识人、用人。相面之外，还有看掌纹、测字、解梦、占卜、算命等，都各自发展成一套自圆其说的理论体系。

有人说，我不信这些，我是唯物主义者，只相信科学。殊不知，科学家也是通过模型来认识世界的。

牛顿的三大定律就是一种模型，这个模型对日常生活足够有效，但并不是真相。等到爱因斯坦提出相对论，大家才发现，牛顿对于时间与空间的假设是错的。相对论也是一种模型。今天物理学家还在苦苦思考新的理论，期望将微观世界与宏观世界统一起来。我认为，弦理论是到目前为止极有希望的一个模型。

谚语、箴言也是模型。小时候，家里的长辈就教导我："静坐常思己过，闲谈莫论人非。"后面还跟着一句话："祸从口出，沉默是金。"我一开始不以为然，后来吃了苦头，对这个模型就高度重视了。

模型通常都是一种对现实世界的简化。模型思维的第一步是做假设，假设的目的是精简掉那些不重要的因素，而尽量搜集有效的已知条件；在此基础上做逻辑推导，得出有价值的结论；之后把结论和现实进行拟合，如果十分匹配，就说明这个模型很成功，如果相差很大，则要反思哪里出了问题，很可能是假设出了问题，模型本身可能也不精确。

最精确的模型是数学模型。我上大学时读的专业是应用数学，核心课程就是数学建模。我给大家举一个很有名的例子，叫马尔可夫模型。

通常在课堂上，不是所有的学生都能全神贯注地听讲，总有一些学生因为各种原因开小差。有人可能一直开小差，有人可能偶尔开一次小差，但总体来说，开小差的学生总数会维持在一个恒定的数值。

先做一个假设：今天认真听讲的学生，明天依旧认真听讲的概率是 90%，10% 的学生第二天会开小差；今天开小差的学生，明天依然开小差的概率是 70%，30% 的学生第二天会认真听讲。假如一个班级有 100 个学生，第一天 50 个学生认真听讲，50 个学生开小差。那么，到了第二天，50 个认真听讲的学生中，45 个学生继续认真听讲，5 个学生开小差；50 个开小差的学生中，35 个学生继续开小差，15 个学生认真听讲。于是，第二天认真听讲的有 60 人，开小差的有 40 人。这样演算下去，第三天认真听讲的学生是 66 人，开小差的学生是 34 人……一直到最后，认真听讲的学生是 75 人，开小差的学生是 25 人。到此，人数就保持稳定，不再变化。

如果把初始状态调整一下，第一天所有的人都认真听讲，或者所有的人都开小差，那么到了最后，还是 75 人认真听讲，25 人开小差。神奇吗？我们说，“江山易改，本性难移”，任何事物终究会回归其本性，背后的原理就是马尔可夫模型。

如果你对数学模型感兴趣，建议读一读美国专家斯科特·佩奇（Scott Page）的《模型思维》，书中介绍了 24 组思维模型，每组又至少包含三四种模型，总数将近 100 种，其中充满了大量的数学模型。

有许多好的培训课程，训练的就是人们的模型思维，如六顶思考帽、高效能人士的 7 个习惯、组织管理的“杨三角方法”等。模型能提升我们的思维品质。

前几年，平和课程中心做了一个平和校本课程的模型，备受称赞。平和教师发展中心也曾推出一个中层管理能力的模型，虽然还不够成熟，但也是一个很大的进步。

2. 工程思维

工程师的思维，很多时候就是工程思维。工程师最大的作用，就是把想法变成现实。

有人说，科学的本质是发现，工程的本质是实现。

最近我在网上看到一个短视频讲了一个新职业“收纳师”。所谓“收纳师”，就是帮别人整理家里的物品，经过收纳师的一番收拾，原本乱糟糟的抽屉、橱柜、房间变得整洁而有条理。

可能你会很纳闷：整理房间谁还不会？竟然有人能靠它赚钱！对，好的收纳师自有过人之处，依靠的就是工程思维。更具体一点儿，是工程思维中的结构化思维。

2021 年是平和的 25 周年校庆，从 2020 年 11 月至 2021 年 10 月，我们举办了长达一年的校庆系列活动。举办这样的系列活动，特别需要结构化思维。

策划、实施校庆这样的活动，本质上跟收纳师的工作差不多。你要在脑子里，把工作分成很多类，形成一个个模块。这些模块互不重合，又能完全覆盖整个任务，没有遗漏。这种分类的能力，就是一种结构化思维。我们身边有一些同事执行力特别强，他们拿到一项任务之后，很快就能将它分解成一个个小任务，分步完成。这几乎是一种本能，说明他们天生结构化思维能力强。

《麦肯锡意识：提升解决问题的能力》一书介绍了麦肯锡公司解决问题的策略与方法。书中提到了麦肯锡公司非常著名的 MECE 分析法。MECE 是一个英文词组的缩写，全称是 Mutually Exclusive Collectively Exhaustive，中文意思是“相互独立，完全穷尽”。这个分析法很好理解，在实际运用时对如何分类特别有讲究。

之前我曾经跟大家提过如何向上级汇报工作，我给大家参考的结构公式是“汇报 = 目标 + 挑战 + 方案 + 结果”。

汇报工作可不是把问题扔给领导，即便需要领导帮忙，提出的问题也不能是问答题，而应是选择题。我们应秉持以终为始的思路，先讲目标，然后讲实现这个目标所面临的挑战与困难，最后列举自己设想或已实施的方案，以及可能或已经发生的后果。

这样汇报工作，领导就会觉得你的思路特别清晰，工作推进很有成效。

“得到”APP 里有一门课程叫“职场写作训练营”，主讲老师罗砚总结了一个写道歉信的模板，共包括六条：

第一条，上来就要道歉；
第二条，说明道歉理由；
第三条，交代事件原因；
第四条，提出解决方案；
第五条，邀请公众监督；
第六条，再次诚恳道歉。

发生问题需要做危机公关时，这个结构可以帮助我们写一封诚意满满的道歉信。

这两年，我一直在尝试用结构化的思维写演讲稿。以这篇演讲稿为例，我來谈一谈构思过程。

我很清楚这次要跟大家讲什么。平和这几年发展速度很快，2018 年成立了教育集团，2023 年将迎来金鼎平和教育综合体的开张。教育综合体是一个全新的项目，大家心里没底，有很多困惑。这个期末培训要帮大家在理念及实践层面统一思想，明晰思路。我们之前做了策划，这次培训分为两个板块，我讲理念，籍莉老师讲操作。希望大家通过培训，不仅能加深对金鼎平和教育综合体项目的认知，而且能够提升自己的工作执行力。

学期初，我曾提到过下一次培训会讲模型思维与工程思维；我认为教育本质上是一个公益事业，呼唤理想与初心；面对一个新项目，我们要在看似不可能的地方走出一条路，这需要想象力；我这段时间对逻辑与因果还有一些思考心得，也希望跟大家讲一讲……

这些杂乱的想法，需要通过一个主题串联起来。经过遴选，我最后选择了怀特海“教育的节奏”理论，以“浪漫、精确、综合”作为这篇演讲的主要结构。在“浪漫”这一部分，讲理想主义和想象力；在“精确”这一部分，讲模型思维与工程思维；但逻辑与因果很难被纳入这个结构，联想到平和这些年来一直在努力营造一种包容的教育生态，于是我就做了调整，在“综合”这一部分讲包容与生态。逻辑与因果留待下次再讲。

这样的结构，既有助于我整理思路，也方便大家理解。

三、综合

有一个关于程序员的笑话是这样的。

妻子给当程序员的丈夫打电话：“下班顺路买一斤包子带回来，如果看到卖西瓜的，就买一个。”

当晚，程序员丈夫手捧一个包子进了家门。

妻子愤怒地说道：“你怎么就买了一个包子？！”

丈夫答曰：“因为看到了卖西瓜的。”

一些程序员给人们的刻板印象是呆板、木讷、不知变通。这是因为他们过度追求精确，而世界需要综合。这部分我也讲两点：一是包容，二是生态。

1. 包容

一个人在有了足够多的经历之后，自然就会变得包容。

孔子说自己“六十而耳顺”，“耳顺”就是心态变得包容，无论什么观点，都愿意听一听，哪怕自己不赞成，也会去想一想其中有没有道理。

我对“耳顺”的理解是：总是去想，那些不赞同你甚至激烈反对你的人，有可能是对的。

正如诺贝尔物理学奖得主尼尔斯·博尔（Niels Bohr）所说：“事实的反面是谬误，但是一个深刻的真理的反面很可能是另一个深刻的真理。”

生活中的悖论很多，不同的人构建的人生模型，有时甚至相互矛盾。

我举个例子，我们都听过这样两句话，一句是“好的开始是成功的一半”，另一句是“行百里者半九十”。如果这两句话都是对的，难道完成 90% 才算是刚刚开始吗？

2013 年的诺贝尔经济学奖由三位教授分享，其中一位是美国芝加哥大学的尤金·法马（Eugene Fama）教授，另一位是美国耶鲁大学的罗伯特·希勒（Robert Shiller）教授。有意思的是，两个人的观点截然相反，法马教授认为市场是有效的，席勒教授则认为市场无效。

经济学家喜欢建构模型，但是他们深知模型思维的弊端。模型思维与工程思维都隐含了对真实世界的简化与假设，只有这样才能推演问题。然而那些被忽略的因素有时候可能发挥至关重要的作用。

刘润老师曾写过一篇文章，核心观点是“效率是创新的敌人”。文章提到，腾讯公司早期十分鼓励创新，其内部流行一句话：“不鼓动，不反对，给空间，给时间。”还有一句话：“不挤出最后一滴水。”

因此，刘润说：“效率，追求最短路径；创新，需要适度浪费。”

听着很矛盾是不是？然而矛盾正是生活的本质。

所谓“包容”，就是在你的头脑中，不是只有一个模型，而是有多个模型。美国投资大师查理·芒格（Charlie Munger）十分推崇多元思维模型，他认为我们在面对一件事情时，应尝试不同的模型，从不同的角度来思考。有时候问题过于复杂，一个模型无法解决，我们需要把几个不同的模型综合起来，才可能推动问题的解决。

一位朋友与我分享人生感悟时说了一个公式：运气 > 选择 > 努力。我很赞赏她的话，没有一定的阅历，讲不出这样的公式。

我建议她把这个模型改成三个模型，境界会更开阔。她问："怎么改？"我说，把"努力"改为"天道酬勤"，"选择大于努力"改为"低头拉车，抬头看路"；"运气大于选择"改为"谋事在人，成事在天"。她连声称好。

我有些追求完美的执念，觉得这三句话在形式上不统一，想把"天道酬勤"改为八个字。我首先想到的是"日拱一卒，功不唐捐"，最终还是改为"绳锯木断，水滴石穿"。这样，三句话在结构上就一致了：

①努力：绳锯木断，水滴石穿。

②选择：低头拉车，抬头看路。

③运气：谋事在人，成事在天。

这三句话，每一句话都是一个成熟的人生模型。我认为，一个人对每一句话皆认同且没有内在冲突，才算是对人生有了深刻的洞察。

在学校工作，时间流逝得特别快。年复一年，一级又一级学生进来，一届又一届学生离开。我常常想，哪些教育对学生有帮助，哪些并没有。我见过在学校里表现出色、遵章守纪、心地善良的学生，多年之后碌碌无为，对母校没有任何感恩之心；我也见过在学校调皮捣蛋、无法无天的顽皮孩子，多年之后成为某一个领域的精英。

这就促使我思考教育的本质是什么，学校教育的价值是什么。人总是被自己建立的模型所限制，手里拿着一把锤子，看什么都像钉子。而成长，就是把你曾经恪守的一些模型推翻，让你用更宏大的格局和更开阔的综合视野看待问题。

2. 生态

自然环境需要“绿水青山”，教育领域也需要“绿水青山”。

做管理就是做生态。知名媒体人吴伯凡老师讲过一个故事。

生态学家发现缅甸某个山区的一种很珍贵的树种正濒临灭绝，原因是它们虽然也结果实，但这些果子掉到地上之后，没办法长出小树。

经过反复研究，生态学家发现，问题不是出在果子上，而是出在森林里的另外一种要素，这种要素的缺失导致这种树没办法再繁殖。

让人意想不到的是，缺失的这种要素是猴子。这片树林里本来有很多猴子，因为它们长得特别萌、特别可爱，深得城里人的喜爱，当地人就把猴子捉起来拿去卖，导致森林里的猴子几乎消失了。而这种猴子的主要食物就是这种树的果子，树籽经过猴子的肠道，借助于粪便的肥力发酵，然后才能发芽。所以没有了猴子，这种珍贵的树种也就要灭绝了。当然，最后重新把这些猴子弄回来，森林里就又长出小树了。

在一个生态系统中，每一种角色都可能起到很重要的作用，生态越是丰富，系统就越有活力。

我进入教育行业时，互联网刚刚兴起。我买了电脑后，除了偶尔玩游戏之外，更多的是在教育社区和全国各地的同行交流。在那个年代，愿意流连于教育社区的人大多对教育有热忱、内驱力强。在现实中，你可能没有太多的朋友，但是在网络上，却能做到“海内存知己，天涯若比邻”。

平和成功的因素之一，就是汇聚了一大批理想主义者。理想不能当饭吃，大部分的理想主义者都会因为在现实生活中碰壁而不得不妥协。但是，平和愿意给理想主义者一个安静的角落，让他们默默地发光。这种做法，极大地改变了平和的气质。

如今大家去平和的 5 号楼图书馆，便能感受到这样的气质。寒暑假和节假日除外，每周一至周五的 7:15～7:35，是高中部中文组的陈放今老师主持的读书会时间，现在正在读的是《论语》；每周四 16:45～17:45，刘代英老师和秦文老师带着大家读《红楼梦》，参与者既有老师也有学生，全是自主自发而来。我参加过多次，在老师们营造的场域里被浸润、感染。类似这样的教师社团和学生社团还有很多。在平和，教师和学生有机会发挥自己的特长爱好，找到志同道合的朋友，做自己喜欢的事情，过快乐的教育生活。

2020 年底，我参加在无锡举办的长三角民办教育一体化发展论坛，代表上海民办中小学做主旨发言，发言的题目是“水土丰美，百花盛开”，讲述的内容就是平和的教育生态。

《学校管理的本质》一书的封面上有一句话：“学校管理的本质是搭台，是成长，是赋能。”正所谓“养鱼先养水”，水好了，鱼便能自然而快乐地成长，完全感觉不到被动与压抑。

做学校生态，就是创造足够的空间，让那些浪漫的人、精确的人，都能在学校的大系统里找到自己的生态位置，参差多态，自在生长。

四、结语

我曾建构过一个模型，把人群分为四类：第一类是纯粹的现实主义者，第二类是纯粹的理想主义者，第三类是有理想的现实主义者，第四类是现实的理想主义者。大部分人属于后两类。

在个人事务上，我是现实的理想主义者；在职务行为中，我是有理想的现实主义者。我试图把这两个角色综合在一起。

综合的最高境界是化繁为简，举重若轻。听起来很浪漫是不是？那是下一个新循环的开始。

无限思维，无限教育

教育的本质究竟是什么？这是每个教育者终其一生都要思考的问题。我推荐一种思维方式，叫无限思维。

美团网创始人王兴竭力推荐一本书《有限与无限的游戏：一个哲学家眼中的竞技世界》，这本书的理念指导了他的创业人生。这是一本哲学书，书的作者美国哲学家詹姆斯·卡斯（James Carse）提出，世界上有两种类型的游戏，分别是有限游戏和无限游戏。有限游戏以取胜为目的，无限游戏以延续游戏为目的。

我读到这个定义时内心很震撼，心想，为什么自己没能早点儿明白这个道理。

好多年之前，我喜欢争强好胜。记得读大学时，我有一个室友是北京人，他身材高挑，容貌俊朗。我俩的关系很差，有一次因为发生口角差点儿大打出手，幸好被旁边的人拉住。后来想想，我俩根本就没什么本质矛盾，也没什么利益冲突。实际上，我的这位室友心地善良，性格乐观幽默，但我当时觉得他喜欢夸夸其谈，这让我很不爽。北方人通常比南方人能说，北方普通话好听，北方的文化也比较注重侃大山。可我就是看不惯，总是有意无意地去抓他话里的漏洞，让他难堪。

要面子是人的天性，俗语说“打人不打脸，骂人不揭短”。我偏偏就犯了这个错误。我很后悔，当初为什么一条道走到黑，就算人家是在吹牛，也没什么大不了的，我为什么非要捅破他的牛皮？他感受到了我的敌意，于是也针锋相对，我在说事的时候他也开始挑刺。让我记忆尤深的是，他常在我说完话后冷冷地说一句“春江水暖鸭先知”。中国的语言文字奥妙无穷，“鸭”“丫”同音，而“丫”在北京方言里是一个不友好的指代用词。我气得不行，常和他针锋相对，大学毕业之后再也没有联系过他。

热衷于争论，就是一种有限思维。你有一个目标，你想要一个结果，你要别人俯首称臣。但是，一旦你参与争论，有了功利心，你就注定是输家。

我们来到这个世界上，就被置入一个有限的游戏中，因为资源不足而焦虑。哪怕资源充足，我们还要改善，好了还要更好，小房子要换成大房子，普通小汽车要换成品牌小汽车，孩子要上名校。然而优质资源、头部资源却总是不足。

另一方面，还有很多事情的本质是无限游戏。例如友谊，例如婚姻。我曾经弄丢过友谊，在婚姻中也犯过一些错误。有一次，我太太工作不顺心，回家后跟我倾诉。我听到一半就开始帮她分析，然后批评她有些地方做得不对，没想到她竟然哭了。我觉得莫名其妙。最后，她哭着点拨我：“人家心里都知道，只想找一个人倾诉，你只要听着就好了。”

所以，各位男同胞一定要记住，婚姻是一场无限游戏，游戏的目的就是延续，最好的结果是两人白头偕老，百年好合。千万不要跟太太争论，也不要试图教育太太。要遵循一个“新家庭守则”，一共两条：第一条，太太永远是对的；第二条，如果太太错了，请参照第一条。

我从三个方面来谈对无限思维的理解，分别是工作、教育与人生。

一、工作

按照卡斯的说法，有限游戏以赢为目的，有明确的终点、规则与边界。世界杯足球赛就是有限游戏，在淘汰赛阶段，一场定胜负，赢了晋级下一轮，输了回家。

工作在某种程度上也是如此。每一个岗位、每一名员工都有年终考评，指标是具体的，结果是明确的，过程是严峻的，竞争是残酷的。我们不能改变环境，但可以改变心态，可以改变思维。

美国篮球历史上的传奇人物约翰·伍登（John Wooden）被誉为“史上最伟大的篮球教练”，其执教成绩十分突出。在几十年的执教生涯中，他带领的高中与大学球队获胜率都在 80% 以上。他曾带领美国加州大学洛杉矶分校棕熊队获得 10 次美国大学生篮球联赛的总冠军，其中包括一次七连冠，这是极其惊人的成就。然而，他的核心理念却不是“赢”，他说：“在我的执教生涯里，我很少或几乎没有说过‘赢’这个字，也很少论及‘打败’对手，以及激励某个队伍争夺第一名。我对成功的定义是这样的：竭尽全力，达已最佳而感到自足，由此得到内心的平静。”

伍登教练是无限思维的最佳践行者。

一位做人力资源的朋友跟我分享工作心得。他曾经处理过许多非常棘手的问题，这让他一度非常畏难，非常焦虑。但是现在，他说碰到任何困难都不怕，没有过不去的坎，那些坎只会让自己更坚强。

美国斯坦福大学教授卡罗尔·德韦克（Carol Dweck）在其经典作品《看见成长的自己》中提出“成长型思维”的概念，与成长型思维相对应的，叫固定型思维。固定型思维就是有限思维，成长型思维就是无限思维。

固定型思维认为人的智力是固定不变的，能力是固定不变的，许多有固定型思维的人遇到挫折容易沮丧、认命、消极归因并轻易放弃。成长型思维则认为世界充满了能帮助我们学习、成长与进步的挑战，我们通过努力行动与反思就能获得成功。

我刚刚参加工作时，犯过很多错误，最惨的一次是将班级带得一团糟，学校暂停了我的班主任工作。很多年轻人在职业生涯初期都会遇到类似的挫折。和大家一样，我也十分郁闷，有一段时间很自闭，周末把自己关在房间里，不说一句话。我没有怨天尤人，而是把所有的责任都揽到自己身上。我深刻反省，仔细复盘。因此，我从这些挫折中吸取的营养就特别多。后来我出版了《班主任兵法》，在自序中记录了那段心路历程。

很多年之后，我在读到一句话时特别有共鸣："回头再看，所有的困难，都是奖赏。"

如果你正处于困境之中，甚至感觉有一道过不去的坎，不妨想想这句话，把困难看成是天将降大任之前的磨砺。

我的一位朋友曾在微信朋友圈中发了一句话，让我很震撼，他说："不凭本事赚的钱，不要想着去赚；不长本事的钱，不要赚。"

这就是无限思维呀！具备有限思维的人想的是赚钱，具备无限思维的人想的是长本事。这两者之间有的时候看着像是一回事，但有着本质区分，随着时间的推进，结果会天差地别。

二、教育

教育是为了孩子的未来发展，本来应当是一个无限游戏，但我们有时将它变成了有限游戏。

各学段的学校之间，边界很清晰。小学老师努力把孩子送进好的初中，初中老师努力把孩子送进好的高中，高中老师对孩子说，再苦三年，进了大学就轻松了。我有位在大学做老师的同学跟我说："你们中学老师怎么能这么不负责任，怎么能跟学生这么说？！"

平和有固定的中层干部集体学习的制度。有一次我们在一起探讨，应该培养孩子具备哪些能力，大家提到以下几点。

表达能力。做老师是靠嘴吃饭的。不做老师，做其他职业，讲话的能力也很重要。会做，更要会说。如果做了管理，更要有与之相匹配的演讲能力。

科学思维。我们今天享受的现代科技文明是一代又一代人在科学思维的基础上累积的成果，科学思维是我们认知世界与改造世界的工具。平和的科学老师郑腾飞是美国麻省理工学院的博士，她在 2017 年写了一篇文章，谈到科学思维的三个核心内容：事实依据、逻辑和批判性思维。关于事实依据，举个最简单的例子来说，就是在网上看到来源不明的文章，就要打一个问号；逻辑是连接事实依据与科学结论之间的理性桥梁；批判性思维就是要独立思考，抱着怀疑的精神对待一切结论。

团队合作。我曾经收到过一位家长的表扬邮件，这位家长说他的儿子回家后跟他探讨如何带团队，如何管理员工。原来他的儿子在学校里成立了一个社团，准备开展一个项目，却发现社员不听他的，想到爸爸在单位里管上百号人，于是向他请教。经过社团的锻炼，孩子的领导力与团队合作能力有了显著提升。

体育精神。学生参加体育活动，首先，锻炼了身体，为未来成年后的拼搏积蓄能量；其次，锻炼了意志品质，坚持再坚持，熬过最困难的时刻，人会进入一个全新的境界；再次，体育竞技有输有赢，若能做到胜不骄、败不馁，赢了安慰对手，输了祝贺对手，也是一种谦谦君子的风度。

艺术素养。我小的时候没有条件接受艺术熏陶，现在就缺乏艺术素养。我不会画画，唱歌跳舞也拿不出手，到了年终总结大会的时候就会发愁，有的时候搞团建，所有人分小组表演节目，我也会有心理压力。更重要的是缺乏审美能力，因此，在学校改造、物品采购等方面，我都会尊重专业人士的意见。我很羡慕年轻人，他们比我强很多。

终身学习。终身学习的概念本来就是一种无限思维。教育是一辈子的事，我们要活到老，学到老。面对未知的世界，没有人告诉你该怎么做，只能自己思考，自己探索。

我个人觉得，我们要帮助孩子解决的最重要的问题是动力问题。人生是一场马拉松，起跑无所谓，有些人前面跑得很快，起跑就冲刺，但跑到后面就跑不动了，轻易被别人超越。更可怕的是，有些人明明还有力气跑，却不跑了，他们失去了动力，失去了乐趣，陷入了迷茫与虚无。

三、人生

放眼历史的长河，每个人的人生都是一瞬。用有限思维来看，每个人一出生，就被送入一条传送带，终点只有一个——死亡。因此，我们要把频道调到无限思维，来思考人生的意义。

在一些人看来，人生就是痛苦。痛苦的事情有很多，我记得小时候，没有出现在应该出现的地方，就很痛苦。我上小学一年级时有一天早晨睡过了头，赶到学校时已经上课了，教室的门关着，我就站在教室门口。听到老师在里面上课，我不敢敲门，真是痛苦的煎熬。长大之后，痛苦不是忙累，而是无所事事，内心一片空虚。

为什么会有人自杀，因为活着很痛苦。反之，如果生命中还有牵挂的人、牵挂的事，即便外部环境很艰难，但心里想着还有一个人要见面，还有一个使命未完成，便一定可以坚持下去。

所以，活着才重要，“留得青山在，不怕没柴烧”。生命的本质就是延续，就是传承。“青山依旧在，几度夕阳红。”“古今多少事，渔唱起三更。”

美国心理学家维克多·弗兰克尔（Viktor Frankl）是人生意义这个领域具有开创性的人物。他出生于1905年，1930年在维也纳大学获得精神病学的医学博士学位。“二战”爆发之后，他和家人全部被纳粹逮捕，送往集中营。1945年，他被美国陆军解救出来，而他的父母、兄弟、妻子都死了，只有他和妹妹幸存。

弗兰克尔悲愤交加，但是他化悲痛为力量，用9天的时间写出一本书《活出生命的意义》。这本书不仅是对集中营生活的回忆，更是开创性地提出了心理治疗上的“意义疗法”。驱动人克服重重困难过完这一生的力量究竟是什么？弗兰克尔认为，是寻找生命的意义。

美国哈佛大学教授泰勒·本-沙哈尔（Tal Ben-Shahar）开设了一门讲幸福的选修课，颇受学生欢迎。他把课程的内容整理成一本书《幸福的方法》，并在书中提出四种幸福模型。他最提倡的幸福模型是做自己喜欢的事，且这件事本身有意义。也就是说，既满足当下，又惠及长远。

我个人更认同美国专栏作家大卫·布鲁克斯（David Brooks）提出的另一个“四种幸福”的模型。在这个模型中，从低到高的幸福依次为物质享受、成就感、贡献力以及道德上的快乐。

物质享受带来的幸福感是真实的。无论是有美食、旅游、追剧、喝茶、品酒等小爱好，还是有喜欢的球队、追逐的明星，只要心里有盼头，日子就过得充实。比如，你如果是美国洛杉矶湖人队或者勒布伦·詹姆斯（LeBron James）的球迷，在2020年就会处于巨大的幸福之中，因为詹姆斯带领洛杉矶湖人队拿到了当年美国职业篮球联赛的总冠军。

成就感也很重要。取得一点儿成绩，得到别人的肯定，成为团队中不可或缺的那个人，都会让人产生巨大的满足。即便自己很平凡，没有什么突出的成绩，也可以把希望寄托在下一代身上，子女出息了，也是父母的成就。那是一种朴素的幸福。

贡献力很好理解。赠人玫瑰，手有余香。当有人向你伸出援手，然而你并不需要他的帮助时，如果不是很为难，就欣然接受吧。你是在为别人的幸福做贡献。

道德上的快乐是最高层次的幸福。我曾看过一个纪录片，讲的是 20 世纪 50 年代，一位科学家接到一个电话后和家人说要出一次差，然后 10 年没有回家，生死未卜，音讯全无。直到新闻报道“两弹一星”研制成功，一家人才得以团聚。一个人一生中能够有机会参与一项伟大的事业，这种道德上的快乐是无与伦比的。

我想起 1996 年平和刚刚创办时，让我下决心加入的是创始校长的一句话：“参与一所学校的创办和发展，是可遇而不可求的事。”

用幸福模型来理解，这样的话感召力特别强。我们今天讲初心，讲使命，其实并不是空洞的大道理，而是一种对幸福的追求。

《雷锋日记》中有这样一段话：“人的生命是有限的，可是为人民服务是无限的，我要把有限的生命，投入到无限的为人民服务中去。”我多次阅读这段话才明白，雷锋同志很了不起，他是具备无限思维的人。

美国著名投资人、畅销书作家纳西姆·塔勒布（Nassim Taleb）说：“世界上有两种人，一种想赢，一种想赢得辩论。”我看，其实世界上有三种人，第一种人想赢，第二种人想赢得辩论，第三种人看淡输赢，追求有意义的人生。

《活出生命的意义》的自序中有这样一段话：

> 不要只想着成功——你越想成功，就越容易失败。成功就像幸福一样，可遇而不可求。它是一种自然而然的产物，是一个人无意识地投身于某一伟大的事业时产生的衍生品，或者是为他人奉献时的副

产品。[①]

我们为上海基础教育的发展贡献了自己的聪明才智，我们参与了一项伟大的事业，也取得了一定的成绩。我们不要沾沾自喜，而要永不满足，同时感恩这个时代。

最后，我对今天所讲的有限思维与无限思维做一个总结。

有限思维看到危，无限思维看到机；有限思维制造对手，无限思维发展朋友；有限思维是零和博弈，无限思维是双赢；有限思维是一山不容二虎，无限思维则是共融共生。从有限思维过渡到无限思维，你就会进入一个无比广阔的新世界。

① 弗兰克尔. 活出生命的意义 [M]. 吕娜，译. 北京：华夏出版社，2018: 9.

结构，结构

“昆仑倾黄河，渺漫盈百川。”

昆仑山上的一片雪花，融化成水，汇入黄河，从此开始一段波澜壮阔的旅程。它的宿命是大海，它的使命是大海。

若以一滴水为主题讲故事，我会采用这个结构，这个故事一定很精彩。

一、剧本的结构

电视剧的编剧通常分为三种类型：第一种擅长故事结构，第二种擅长语言对话，第三种擅长生活细节。好的剧本要经过这三类编剧的加工，最重要也最珍贵的是第一种。结构决定了一个剧本的上限。

2022 年 3 月居家隔离期间，我看了一部电视剧。这些年，我很少看电视剧，一来没有时间，二来缺乏热情。年轻时，我特别喜欢看小说，不喜欢读有思想深度的书籍。正是“年少不懂太史公，读懂已是泪千行”。如今我读书依旧很多，读得最少的反而是小说。在经历了岁月的洗礼后，已经没有什么故事能够让我好奇了。

然而这部电视剧却不一样。我不但一看到底，而且沉迷其中，好几次眼泪夺眶而出。

这就是电视剧《人世间》，改编自作家梁晓声的同名小说。《人世间》播出后，广受好评，掀起了一股收视热潮，同时带动了原著小说的热卖。大家对小说《人世间》的评价是，这是一部史诗级的作品。

小说讲述的是中国东北一个普通家庭三代人五十年的变迁。作者梁晓声出生于1949年。1959年到2009年这五十年间，中国社会的变化可以说是翻天覆地、沧海桑田，梁晓声亲历了这些变化。小说中人物的命运随着下乡潮、返城潮、改革开放、恢复高考、下岗待业、拆迁改造等陆续展开。

电视剧《人世间》为什么会火？是因为导演水平高，演员演得好吗？在我看来，首先是因为剧本好。

剧本好在什么地方？就是两个字——结构。

整部电视剧有上百个人物，其中95%以上的人物都是好人，几个主要人物都非常朴实善良。然而，大部分人都活得很艰辛，艰辛生活中的人性之善打动了很多人，也包括我。

电视剧的出品人程武说："这部剧里的主要人物都是有血有肉的，同时，拥有温存而善良的底色。"

人性很善良，生活很艰辛，为什么好人活得这么苦、这么累？查理·卓别林（Charlie Chaplin）说，"人生近看是悲剧，远看是喜剧"。你我皆凡人，生在尘世间，我们必须躬身入局，而不是远远地旁观，因此，我们离悲剧更近。西方现代戏剧的起源是古希腊悲剧，为什么悲剧比喜剧更深刻？《人世间》这种史诗级的作品告诉我们，悲剧更接近人间真相。时代的一粒灰，落到每个人头上，就是一座山。梁晓声洞穿了时代的结构和人生的真相。

二、系统的结构

有一个悖论叫忒修斯之船，它是古罗马时期的思想实验，内容是这样的：一艘木船在大海上航行，船上的一块木板腐烂了，船员马上用一块新的木板替换，以此类推，终将有一天，这艘木船所有的木板都是全新的。那么请问，它还是原来那艘船吗？

第一次读到这个悖论时，直觉告诉我，答案是肯定的。

后来有人继续做思想实验。假设一艘船造好之后，木板还没有腐烂，有人马上把木板逐个替换。同时，将替换下来的木板在船厂重新拼装出一艘船。请问，哪艘船是原来那艘？

这个问题彻底把我弄糊涂了。直觉告诉我，替换下来的木板在船厂重新拼装成的船才是原来那艘船，而用新木板拼起来的那艘船是仿制品。

再回头看忒修斯之船，果然是一个悖论！

我们每个人的身体，也是一艘忒修斯之船。人的身体由细胞构成，细胞总数在 40 万亿至 60 万亿之间，大部分细胞寿命都不长。有些白细胞的寿命特别短，只有 10 个小时左右。胃黏膜上皮细胞的寿命大约在两天。骨骼细胞比较“长寿”，平均寿命高达 10 年。

美国诗人艾米莉·狄金森（Emily Dickinson）有一句名言：“我们并非在年复一年地变老，而是日复一日地焕然一新。”

从人体新陈代谢的角度来看，这句话真是十分贴切呢！

好，让我们再做一个思想实验：十年之后，我们身体中绝大多数细胞都更新了，请问，我还是原来那个我吗？

我的第一反应是，还是原来那个我。身份证号码一生不变，专属我一人。后来细想，人是会变的，如果一个人从外貌到思想都跟以前不同，不就是一个全新的人了吗？

忒修斯之船并非一个无解的问题。如果我们掌握了系统思维，对这个悖论会有一些高阶的认知。

美国学者彼得·圣吉（Peter Senge）之所以在中国名气很大，主要是因为《第五项修炼：学习型组织的艺术与实践》这本书。21 世纪初，这本书影响力巨大，“学习型组织”的概念就源于此。顺便说一下，圣吉对中华传统文化非常有研究，精通儒释道，他曾拜南怀瑾为师。“五项修炼”的前四项分别是自我超越、改善心智模式、建立共同愿景、团体学习，而《第五项修炼：学习型组织的艺术与实践》重点讲的第五项修炼叫作“系统思考”。圣吉对系统思考的推崇缘于他的老师德内拉·梅多斯（Donella Meadows），梅多斯有一本遗作《系统之美》。书中提到，系统不是一堆事物的简单集合，而是由一组相互连接的要素构成、能够实现某个目标的整体。一个系统由三个要件构成，分别是：要素，连接，功能。

若用梅多斯的系统理论来解读忒修斯之船，要素是木板，连接是这些木板的相对位置与铆合关系，也就是这艘船的结构，功能则是航行。

对一个系统来说，最重要的是什么？如果是要素，那么，当船被拆成木板时，船还存在吗？如果最重要的是结构与功能，那么，即使木板被更换了，系统的结构与功能还在，所以这艘船依然是原来那艘船。

同样，虽然我的细胞更新了，但我的结构稳定，功能正常，活蹦乱跳，毫发无损，所以我还是那个我。

三、组织的结构

结构实在是太重要了，同样是碳分子，不同的结构决定了一个物体可能是石墨，也可能是钻石。

我观察一个系统时，特别关注它的结构，结构决定了这个系统如何运转。

工厂的流水线就是一个系统。汽车的制造流程相当复杂，因为一辆汽车大约由两万多个零部件组成。开办造车厂是一个大工程，相当于再造一个系统。

工厂流水线的系统十分精确，容不得一点儿差错。今天，很多生产线引入了人工智能机器人，提升了工作效率。组织系统却不太一样，它的结构既精确又模糊，因为组织跟人一样，是有机系统，需要用到量子思维中混沌的概念。

混沌的概念不好理解，我举一个简单的例子。一条小溪从山顶流下来，流到山脚后汇入小河。这条小溪的形状完全由地形决定。水是流动的，因此小溪的形态每时每刻都在发生变化。在某一个局部，因为一根树枝或一块石头，水流会形成一个小漩涡。每个漩涡都有独特的形状，一条小鱼游过时漩涡会暂时发生改变，但很快，漩涡还是会恢复之前的样子。到了雨季，水流变大，小溪的局部形态会改变，也有可能发生改道，到那时整个格局都会发生变化。

那么，这条小溪还是原来那条小溪吗？

在中国历史上，黄河改道多次，但黄河还是那条母亲河。尽管因为各种原因，局部细节发生了改变，但是大的结构没有更改，黄河还是从高流到低，西来东入海！

漩涡是一个混沌系统，人也是。“江山易改，本性难移。”一个很多年不见、被岁月改变了很多的朋友，你还是能一眼认出来。人类有一种意会的本领，这是人工智能在相当长的一段时间内难以攻克的堡垒。

组织也是一样，我们常常讲“铁打的营盘，流水的兵”。兵是要素，营盘是结构，包括一支部队或一个组织的建制架构、各类制度条令、文化，乃至电视剧《亮剑》中李云龙所说的精神气质。

结构塑造了组织，组织塑造了个体。个体若想超越组织，需要认清结构。

四、社会的结构

近年来穿越剧很受欢迎。在穿越剧中，一个普通的现代人偶然穿越到古代，运用现代思维去解决问题，让古代的人叹为观止，惊为天人。观众看这种剧时感觉特别爽，不知不觉会把自己代入。

现代社会与古代差距太大了。以中国为例，大家想想看，这一百年间中国社会的变化，可不可以用沧海桑田来描述？“神女应无恙，当惊世界殊。”

我们今天所享受的便利生活，都是拜一样东西所赐，那就是科学。在过去两三百年间，科学逐渐打败了宗教、哲学，成为人类普遍的精神信仰。现代社会与古代社会最大的不同就是理性精神的崛起。

按照韦伯的说法，这叫“世界的祛魅”。人们不再信仰神，不再崇拜上帝，而是相信理性的力量。韦伯进一步指出，人的理性可以分为两种，一种叫价值理性，一种叫工具理性。

有时候我们会面临一个两难选择，情感告诉我们应该这样做，理智告诉我们应该那样做。前者叫价值理性，后者叫工具理性。

古往今来，多少仁人志士为了理想抛头颅，洒热血，不惜献出自己的生命，这是价值理性；也有很多人精于算计，追求效率，信奉“没有永远的朋友，只有永远的利益”，这是工具理性。

有人调侃法国人与德国人，说法国人工作是为了生活，而德国人生活是为了工作。法国人偏向于价值理性，德国人偏向于工具理性。

韦伯说，在现代社会中工具理性与价值理性是不平衡的，工具理性不断扩张，逐渐压倒了价值理性。他创造了一个词“现代的牢笼”，来形容我们所处的社会。具体而言，理性主义尤其是工具理性将现代社会逐渐打造成一个“铁笼”，将人类牢牢地锁在里面。

例如，大部分组织追求的首先是效率，所有的管理架构、制度设计、运转方式，都是为了让组织高效运转起来。我们去人才市场上应聘，首先要读岗位描述。我们要了解这个岗位需要什么样的人，我们是不是适合这个岗位。我们和要应聘的岗位越是匹配，越有可能应聘成功。岗位描述就是一个铁笼。

刚入职场的年轻人通常不明白这个道理。我曾经读到过一则新闻，说一个高学历的名校海归回国就业，上班第一天就因为主管让他复印文件愤而提出离职，家人还替他打抱不平。这就是不了解社会这个大系统的结构。

有一段时间，我猛然意识到，每一个职场人士都不开心，都伤痕累累，无论之前表现多好，一旦不能满足组织发展的需要，不能再为组织创造价值，就会面临被组织抛弃的风险。对于组织而言，个体只是一个零件，组织无限推崇工具理性。人必须适应组织。那些想让组织适应个体的人，毫无例外都会经受社会的毒打。

现代社会的结构，本质上是一个大铁笼。

五、人生的意义

生活在现代社会里的人常被工具理性所困扰，偶尔也会思考一下价值理性。

有一个故事是这样说的。

一位企业家白手起家，艰难创业，几十年间把公司做成集团，终于给自己安排了假期，去海边度假。在沙滩上，他看到一位老人在钓鱼。他就问老人，为什么用钓竿钓鱼而不用网捕鱼，用网捕鱼效率会更高。老人问，捕到更多的鱼又怎样？他说，办企业，加工鱼肉，赚更多的钱。老人问，赚了更多的钱，那又如何？企业家说，那就可以像他一样富有，过悠闲的生活。老人说，他现在正在过悠闲的生活呀！

很多影视剧讲人生悖论，剧中的主人公在职场中艰难打拼，为了自己的目标，理性地舍弃了很多东西，到最后身心俱疲，不禁问自己：人生的意义究竟是什么？我这么做到底是为了什么，值不值得？主人公的觉醒令人唏嘘，发人深省，给我们的启示无外乎就是工具理性与价值理性的碰撞。

现代社会的结构本质就是如此。从这个角度来说，人生就是悲剧。我们每一个人都被困在人类这个群体运用理性所编织的网里面，极少有人可以逃脱。

人体细胞中，脑细胞的寿命极长，几乎与人体寿命相同。脑细胞一旦死亡，就不可再生。少部分人通过修行，在没有改变系统结构的情况下，改变了系统的功能。他们认识到了人生的意义，超越了自我，超越了系统的束缚，获得了新生。

这让我想起了《了凡四训》里的那句话："从前种种，譬如昨日死；从后种种，譬如今日生。"

从前种种，譬如："风起于青萍之末"；蝴蝶扇动了它小小的翅膀；命运馈赠的礼物暗中标好了价格。

从后种种，譬如："云在青天水在瓶"；"宠辱不惊，闲看庭前花开花落；去留无意，漫随天外云卷云舒"。

电视剧《人世间》的片尾曲很棒，与电视剧的主旨高度契合。如果你看清楚了人生的结构，就会知道，聚少离多是常态，荣耀也就是一瞬间。歌词的前几句是这样的：

草木会发芽，
孩子会长大，
岁月的列车，
不为谁停下。
命运的站台，
悲欢离合都是刹那，
人像雪花一样，
飞很高又融化。
…………

六、教育的启示

孩子的教育问题，我们不要静态地看，而要动态地看。所谓“动态地看”，就是把孩子的成长看成一个故事，一个剧本。我们所要关注的，乃是这个剧本的结构。

来看几个故事。

故事一：一个孩子小时候被誉为神童，远近闻名，其父母无比自豪，并以此牟利。孩子长大后不再出众，泯然众人矣。

故事二：一个孩子小时候顽劣异常，纵情恣欲，为祸乡里。长大后幡然悔悟，发奋读书，成为国家栋梁。

故事三：一户人家有三个孩子，老大老二有学习天赋，考上了顶尖大学，光耀门庭。老三不爱读书，长大后成为普通打工者。最后守在父母身边尽孝并撑起整个家庭的，是老三。

第一个故事的主人公叫方仲永，第二个故事的主人公是西晋大臣、将领周处，第三个故事则来自《人世间》。

古时候，有经验的老者可以在孩子很小的时候大致判断他未来的人生轨迹，也就是俗称的“三岁看大，七岁看老”。各位家长在面对孩子时需要想一想，他们的人生徐徐展开时，会是怎样一个故事？

通常而言，有两个主要因素决定了一个孩子的发展：一是基因，二是环境。关于基因与环境这两个因素如何互动并对一个人的发展产生影响，有很多理论。其中一种理论说，孩子出生时好像山顶上即将滚下山去的一个小球，基因就像是一根轨道，不同的基因决定了小球从不同的轨道滑落下去。环境则是干扰因素，小球在滚落的过程中可能会跳跃到相邻的轨道中去，从而改变轨迹。

我们不能选择基因，却可以改变环境，教育则是其中最重要的因素之一。

知识改变命运，教育改变人生。人总要生活在关系中，我们被身边的人塑造。无论是良师、贵人，还是同窗、好友，都可能改变我们的人生轨迹。这也是家长为什么要择校、孟母为什么要三迁的缘故。

家长需要记住，自己也是孩子的故事的一部分，我们要扮演好自己的角色。这个角色的重要任务之一，就是看清孩子未来人生成长的结构——他们是谁，喜欢什么，擅长什么，应当做什么，又属于哪里。然后，如同美国小说家杰尔姆·塞林格（Jerome Salinger）所说："记住该记住的，忘记该忘记的。改变能改变的，接受不能改变的。"

什么叫作"改变能改变的"？一滴水可以在屋檐下，可以在池塘中，可以在花瓣上。如果可以，我就把这滴水变成一片雪花，让它落到昆仑山上。

七、结语：无声的惊雷

伟大的作家能洞悉时代的结构。他们深知一代人有一代人的使命，一代人有一代人的宿命，他们写每一代人的长征，落笔却不动声色，让人于无声处听惊雷。

小说《百年孤独》开篇的第一句话广为传颂，备受赞誉：

> 多年以后，面对行刑队，奥雷里亚诺·布恩迪亚上校将会回想起父亲带他去见识冰块的那个遥远的下午。

据说，加西亚·马尔克斯（García Márquez）在动笔写《百年孤独》之前，为这第一句话苦苦思索了很久。直到有一天他恍然大悟：只要像外祖母那样，用见识过一切的平淡语气，来讲这些惊人的事情就对了。

优秀管理者必须具备的两个重要认知

2017年，企业家傅盛提出了一些让人印象深刻的观点，例如：人与人最大的差别是认知，成长就是认知升级，管理的本质就是认知管理，战略就是格局 + 破局……

傅盛说，世界上有四种人：第一种人不知道自己不知道；第二种人知道自己不知道；第三种人知道自己知道；第四种人不知道自己知道。第一种人自以为是，95%的人属于此类；第二种人谨慎敬畏，在人群中约占4%；第三种人成竹在胸，在人群中约占0.9%；第四种人大巧若拙，在人群中约占0.1%。认知的最高境界是不知道自己知道，有这种认知的人有空杯心态，明明自身很厉害，却态度谦卑，善于反省。

认知升级说起来容易做起来难。我曾在一次演讲中引用了孔子的一段话："知者不惑，仁者不忧，勇者不惧。"我解释说，从字面上来看，这句话的意思是智慧的人不疑惑，仁慈的人不忧虑，勇敢的人不畏惧。而我的理解是，人这一生要面对很多事情，有些事能改变，有些事不能改变。不去改变不能够改变的事情，不忧虑，叫作仁；努力改变能够改变的事情，不畏惧，叫作勇；而能够正确区分这两者，不疑惑，叫作智。

仁很难，勇很难，智更难。不断地进行认知升级，就能做到智。

我在过往的管理实践中，有两个方面的认知得到了升级：第一个是洞察力，第二个是弹性思维。

一、洞察力

洞察力对我们来说十分重要，我将分三个方面来谈。

1. 类比

平和的中层干部每个月都要进行集体学习活动，前一段时间，我们一起学习了《科学学习——斯坦福黄金学习法则》一书。这本书列举了 26 种经过科学验证的学习法则，我们读了之后，很有收获。

你可能会觉得奇怪，为什么是 26 种学习法则？英文字母正好是 26 个，会不会有什么关系？如果你真的这么想，恭喜你，你颇有洞察力。这 26 个学习法则正是依据 26 个英文字母的首字母来命名的。

第一个学习法则是类比，其英文单词是 analogy。在我看来，类比不仅仅是一种学习方法，更是一种元认知能力。我们常说“一个篱笆三个桩，一个好汉三个帮”。这就是一个类比，尽管逻辑不是那么强，但是它流传广。

知乎网站上有一个问题：“为什么男人追到女人之后就变了？”下面有一个回答点赞很多：“有几个学生考完试还念书的？”这个回答就是类比。但这个类比水平不高，婚姻并不是考试，考试是一次性的，婚姻却需要维持。说出这种类比的人是小聪明，洞察力不够。

类比是一种高级思维，要求我们抓住本质，忽略细节。本质的东西是什么？我们需要抽象，需要联想，甚至需要灵光一现的顿悟。齐白石说：“学我者生，似我者死。”在照相技术被发明之后，好的画作的标准就不再是画得像，而是要在像与不像之间，有欲说无言之妙。

美国投资家沃伦·巴菲特（Warren Buffett）是一个善于用类比的高手，他有一句名言：“只有退潮时，你才会知道谁在裸泳。”雷军的“在风口上，猪也能飞起来”与这句话有异曲同工之妙。

巴菲特还有一个类比也让人印象深刻，他说：

在我16岁的时候，我脑子里只有两样东西——女孩儿和汽车。

如果这时有一个精灵出现在我面前，对我说："我会给你想要的那辆车，它明早就会出现在这里，一辆全新的车。我应该会问："有什么条件吗？"精灵会说："只有一个条件。这是你一辈子唯一拥有的汽车，你要开一辈子。"

你猜我会怎么做？我一定会把使用手册反复读5遍，然后把车放在车库里。只要有一点儿刮痕，我就会立马去修理，因为我不想它生锈坏掉。我会把它当作宝贝一样，毕竟这是要用一辈子的东西。

这辆车和你的身体、头脑是一样的。每个人都只有一副身体，一个脑袋。这两样东西的使用寿命很长，但是一旦你不好好爱惜它们，也许它们40年后就会罢工，就像那辆车一样。

我想说，你现在所做的一切，决定了你的身体和头脑在10年、20年、30年后将会变成什么样子。①

老子也是类比高手。例如，他说"上善若水"，因为水有各种美德，"水善利万物而不争，处众人之所恶，故几于道"。我的一位朋友说，人才就是水，只有洼地才能聚住水，因此管理者要谦卑，要有博大的胸襟。我曾听好多人说做人要谦卑，只有这次记得最牢。

在学习领域，我读过的最有洞察力的一个类比是将教学类比为放牧。吃草本是牛羊的天性，把牛羊放到草原上，它们自然就会吃草。我们现在的教学却像是把牛羊集中起来按照队形列好队，放牧者讲解吃草的动作要领，分解动作，告诉牛羊嘴巴要张到多大的角度。如果

---

① 施罗德. 滚雪球：巴菲特和他的财富人生 [M]. 覃扬眉，等，译. 北京：中信出版社，2018: 812.

牛羊不配合，我们还要使用强制手段，抓住牛羊的嘴巴进行训练。这是一个多么荒谬的场景！

善于类比的人能够在看起来完全没有关系的事物间建立连接。美国科学作家大卫·爱波斯坦（David Epstein）在其著作《成长的边界》中举了一个例子，请各位读者给以下六件事分类：

①经济泡沫

②北极冰川融化

③美联储调节利率

④人的身体出汗

⑤不同的商品相继涨价

⑥大脑指挥身体做动作

“①③⑤是经济问题，④⑥是生理问题，②是气候问题”，如果你是这样分类的，就是在按照学科分类。极少数人会将①和②、③和④、⑤和⑥分为三类——①和②是正反馈现象，③和④是负反馈现象，⑤和⑥则是连锁反应，这种分类依据的是对事物本质的洞察，非一般人所能为。

2. 敏感度

一般情况下疼痛可分为 12 级，第 1 级为蚊子叮咬，第 12 级为女性分娩。有些人对疼痛特别敏感，打针时痛得不得了，叫个不停；有些人胳膊被割破了，流血了，却浑然不知。

手机里的音频课程正常语速比较慢，我常常把速度调快，通常用 1.5 倍语速听，然而少数人能用 3 倍甚至 5 倍语速听，依然听得清楚。

敏感度是一种感受，患有色盲的人分不清楚一些颜色，普通人能分辨出红橙黄绿蓝靛紫等，有人却能在此基础上更进一步，仅红色，就能分辨出不下十种，如大红、朱红、嫣红、深红、水红、橘红、杏红、粉红、桃红、玫瑰红、土红、铁锈红、橙红、猩红等。这就是颜色分辨的二阶导数。

赫拉利有一个著名的公式：知识 = 体验 × 敏感度。赫拉利自己举了一个例子，他之前喝茶喜欢加糖，后来发现糖把茶叶的味道盖掉了，于是就减少糖，而用心体会茶的味道。之后他对茶越来越敏感，能分辨出不同茶之间的细微差别，最后他发现最喜欢的一种茶是中国四川省雅安市产的熊猫茶，这是用熊猫粪做肥料种植的一种茶。赫拉利说，之前他用明朝茶碗盛装熊猫茶，也没觉得跟用纸杯装的袋泡茶有什么不同，但经过训练，他对茶的分辨能力变得很强。

小时候，我趁大人不在家，偷偷喝藏在橱柜里的一瓶葡萄酒，只喝了一口，就吐了出来。我以为是葡萄味，其实是酒味，酒于我而言太难喝了。长大后，我对酒没有任何兴趣，以至于有人拿珍藏的名贵葡萄酒给我喝，我都会拒绝，对我来说不同品牌的酒的味道都一样。

那些品茶师、品酒师乃至美食家，都是在味觉方面敏感度极高的人。同样，各领域的专家都是敏感度达到至少二阶导数的人。俗话说“外行看热闹，内行看门道”。这个“门道”，本质上是敏感度的比拼。外行只会说好，内行却可以把好又分为很多等级。

安娜·埃莉诺·罗斯福（Anna Eleanor Roosevelt）是美国历史上最著名的第一夫人之一，她有一句名言：“伟大的头脑谈论想法，中等的头脑谈论事件，弱小的头脑谈论人。”后来有人解读说这三种人分别是“让事情发生的人、看着事情发生的人和根本不知道发生了什么事情的人”。

和其他行业一样，教育领域的突破也需要敏感度高的人。他们见微知著，洞若观火；他们了解每一个细节，看清每一个趋势；他们知道何时按兵不动，何时顺势而为。

3. 高阶求导

一个运动的物体位置在变，但有些东西保持不变。如果物体是匀速运动，则速度不变；如果是垂直下落，速度也在变，此时不变的是速度的变化率，也就是加速度。自由落体的加速度是重力加速度，我们上中学时都学过。发现速度的变化率不变，需要洞察力。

高等数学中有一个概念叫求导，一个运动物体的位移随时间变化而变化，我们对时间一次求导得到速度，二次求导得到加速度。我们可以通过求导，揭开复杂的物理现象背后深层次的机理。在日常生活中我们也需要求导的思维，才能抽丝剥茧，发现事物的真相。

《科学学习——斯坦福黄金学习法则》中提出的学习法则正好是26个，且以26个英文字母开头，一开始我觉得有点儿不靠谱，很牵强。后来读了全书后，我发现作者归纳得很精辟，绝非随意拼凑。这本书的第一作者丹尼尔·L. 施瓦茨（Daniel L. Schwartz）教授是美国斯坦福大学教育学院院长、学习科学领域专家，曾开设过多门与学习相关的课程，书的内容源自他在斯坦福大学开设的一门广受欢迎的经典学习课。书中呈现以26个英文字母为单词首字母的26种学习法则，我的理解是，方法本身确凿有效，作者在总结提炼的时候做了表述上的修正，以体现一种形式美。

若继续思考这26种学习法则的内在关系，又会有不同的排列组合。作者创造性地设计了一个“科学学习之地铁图”，图中有8条不同的地铁线路，分别是发现与探索、概念理解、解决问题、学习动机、记忆、学习技巧、社会参与、技能与表现。26种学习法则正是26个地铁站点，不同的地铁线路之间又有重复与交叉站点。作者还为不同的读者推荐了不同的“搭乘线路”。如果说提炼出以26个英文字母为首字母的学习法则已经令人称奇，那么在此基础上设计出的地铁图则令人拍案叫绝。这便是一种求导思维。

有一个流传甚广的传说是这样的。古代有一个人特别贫穷，但一直供奉吕洞宾。吕洞宾被他的诚意感动，有一天来到他家中，伸出手指指向院中的一块石头，石头马上变成亮闪闪的黄金。这个人却表示不要这块黄金，吕洞宾以为他品行高尚，不要横财，却想不到这人说："我要你点石成金的手指。"

这个故事的结尾是，吕洞宾厌恶这个人的贪婪，就消失了。但是从认知的角度来说，这个人认知能力强，他看到的不是金子，而是把石头变成金子的手指。这是洞察力。

"师者，所以传道授业解惑也。""传道授业"属于事实与知识层面，应试训练专注于提升学生得出标准化答案及获得高分的能力。然而，授人以鱼不如授人以渔，鱼是金子，渔则是点石成金的手指。平庸的教师教知识，优秀的教师教方法。那么，卓越的教师教什么呢？教方法背后的思维。

提炼方法需要很强的思维能力。对思维求导，也就是对思维进行思维，就是审辩式思维，也有人称它为元认知。元认知是一种内省、内察，是对自我的深刻认知。有元认知能力的人会思考下面的问题：我的思维局限在哪里？我的认知逻辑是什么？为什么别人的观点跟我不一样，他们的逻辑和视角又是什么？两者之间的交集在哪里？各自的走向又有何不同？

用洞察的思维来体会自己的情绪，被称为觉察。比如，碰到一个不讲理的人，你生气了，同时你觉察到自己生气了，你不禁有点儿羞愧。事后，你对生气的情绪进行求导，得到的是羞愧。你思考自己为什么生气，又为什么羞愧，会得到很多与自我有关的元认知。

二、弹性思维

我们来看看弹性思维。我认为洞察力是降维，弹性思维是升维。

我们先看一个问题：将一个球扔出去，如何让它不碰到任何东西，自己弹回原点？

有人的回答很好——向上扔，重力会把它拉回来。这种思考方式就是弹性思维，有点儿像脑筋急转弯。

不要小看脑筋急转弯，大多数人的脑筋不会转弯。那些执迷不悟的人，脑中常常只有两条路径：要么对，要么错；要么好，要么坏；要么喜欢，要么不喜欢。如果说传统思维是两维，弹性思维就是多维。弹性思维是一种升维。

一位哲学家在准备一个主题是“人与世界的关系”的演讲。他在认真思考，旁边的儿子却很顽皮，不断捣乱。哲学家拿起手边的一本杂志，杂志的封底是一张地图，他把地图撕成碎片，扔给儿子，让他把地图拼完整。他原以为儿子会安静很长时间，没想到半小时不到儿子就拼好了。他很惊讶，问儿子是如何做到的。儿子说，地图的反面是一个人的头像，他根据头像来拼，就把地图也拼好了。哲学家醍醐灌顶，马上开始准备演讲稿，并把演讲主旨确定为“人对了，世界也就对了”。

1. 转危为机

前段时间，我和学校里几位刚被提拔的中层干部座谈，我送给他们三句话。

第一句话：努力会有回报。大家能够坐在这里，是因为每个人都很努力，并且努力得到了肯定，收获了回报，因此今后要继续努力。

第二句话：努力不一定有回报。在学校里，大家都很努力，很多人有苦劳，却不一定有功劳。也有一部分人既有苦劳也有功劳，却因为各种原因没有机会被提拔，因为努力并不一定带来回报。因此大家要感恩，要以一种谦卑的心态面对未来。

第三句话：人总是会被提拔到自己不胜任的岗位上。这句话来自管理学中一个著名的理论——彼得原理。在座的每一个人之前的考评都是优秀，然而从今天开始，以往的成就归零，而且很有可能，在新的岗位上，大家付出同样的努力，得到的评价却与以往不同。为什么？因为评价标准变了。如果你是一个技术人才，你把你的长处发挥出来就能做出很大贡献，同时你的短板会被掩盖起来。然而当你成为管理者之后，要处理的事情更多，不仅要管自己，还要管他人、带团队，你的短板就会暴露出来。下一步大家要努力寻找自己的短板，要有空杯心态，从零开始，再出发！

这番话背后有我的心路历程。我读大学时性格非常内向，不敢在公共场合讲话，进入教育行业之后，面临非常大的危机。

常有人问我当初为什么会选择到学校工作，今天想来大约是抱有一种弹性思维吧。如果我去做技术工作，我的性格弱点不会暴露，但对个人成长不见得是好事。我当初很痛恨自己的性格弱点，选择到学校做教师，就是逼着自己开口，勇于面对他人。大家想想看，一个人能够通过努力，把自己的短板变成长板，同时还保留原来的长板，他是不是比一般人厉害？

所有的“危”总是包含“机”，原因有两个。第一，在舒适区不会有“危”，然而人不可能永远停留在舒适区。如果人一直停留在舒适区，就意味着不会成长。若一直不成长，将来一定会迎来更大的“危”。反之，如果一件事情对我们而言是“危”，我们就会被迫调动所有的能力与资源来应对，等到转危为安之后，我们不仅经历了洗礼，还收获了成长。

第二，我们面对的“危”别人也会遇到。人生如逆水行舟，不进则退。“危”是关卡，是筛子，少数经过筛选的人，方能笑傲群雄。我常常跟团队成员说，沧海横流，方显英雄本色。面对危机与挑战时，我们要有奥地利著名诗人雷纳·里尔克（Rainer Rilke）的心态：“我认出风暴，而激动如大海。”

刚开始做校长时，让我烦恼的事情之一是家长的投诉邮件。后来我发现这样的“危”中至少有三个“机”：第一，通过处理这些投诉，我的沟通应对能力得到了提升；第二，在处理完这些事件之后，我和一些家长甚至成了朋友，孩子毕业之后，他们仍然与我保持联系；第三，我把投诉改了一个字，改为“投资”，许多家长都是行业精英，他们看问题有时比教育界的人更精准、更透彻，他们其实是在付出时间、精力与智慧来帮助学校成长。

我们静下来的时候，可以回想一下最近遇到的一次危机，看看其中是否至少蕴含三个机会。

2. 知行合一

我从 1996 年开始教书，在体制内的初中教了 16 年数学，带过好几届毕业班。2012 年我开始转入国际课程领域，分管学校的高中国际课程部。我一开始很有危机感，但最后收获了全面的成长，对于中西教育的优势和劣势有了比一般人更深的认识。西方教育有许多地方值得我们学习，然而中国基础教育本身的优势与成就却被很多人忽略了。

每年高考结束之后，一面是喜报频传，一面是各种反思层出不穷。许多人寄希望于教育体制改革，寄希望于中高考改革，然而事情并非如此简单。

刘润老师有一篇谈论高考的文章非常精彩。刘润说，什么是公平？公平就是用同一把尺子来衡量事物。刘润举了个例子。

妈妈说：“你怎么不把东西分给弟弟吃？”哥哥说：“因为弟弟也没有分给我呀。”妈妈说：“他不一样，他是弟弟。”

这就是不公平。妈妈用了两把尺子：用分享丈量哥哥，用独享丈量弟弟。

高考公不公平？当然公平，因为高考用同一把尺子来衡量所有学生，这把尺子就是“分数”。那为什么不选“素质”，而用“分数”？这就涉及第二个问题——公正。

什么是公正？就是选哪一把尺子来衡量。刘润说，美国大学都是自主招生，每一所学校自己手里拿一把尺子。比如，哈佛大学手上拿着一组套尺：分数这把尺子很重要，社会活动这把尺子很重要，体育特长这把尺子很重要，背景多元化这把尺子很重要。当然，家里有钱并愿意捐款这把尺子，也很重要，因为捐款有助于学校发展。

这把尺子很公平，但是却不一定公正。尽管美国学校竭力做到公正，但仍有亚裔学生投诉哈佛大学招生歧视，有斯坦福大学等名校体育特长生招生丑闻。中国的高考就相对公正得多。中国幅员辽阔，各地差异极大，偏远地区的孩子，哪怕家庭贫困，依然可以不用进补课班，不用学很多其他技能，仅靠几本教材与习题集及自身的努力，就能考上大学，改变命运。

尺子公平公正，如何确保执行？有一个方法，就是公开。规则、过程、结果全部公开，必然公正公平。这一点高考也做得很好。这样公平、公正、公开的制度，已经是人们能够想出的最好方案了，还要怎么改？

事实上，我国的高考制度源自古代的科举制。我们今天批判科举制，殊不知，科举制为历朝历代选拔了大量的民间人才，无数布衣精英通过科举考试“学而优则仕”。改革开放之后，随着高考制度的恢复，中国基础教育为中国经济建设培养了一批又一批人才，中国过去四十年的经济成就首先是教育的成就，是高考制度的成就。我们自己也受益于此。

罗振宇老师在一篇文章中谈到世界上有三种类型的教育：工业化教育、口传心授的教育以及博雅教育。其中口传心授的教育是古代的师徒制，博雅教育则是很多人向往的素质教育。中国的基础教育则属于工业化教育。

罗振宇老师认为，工业化教育最适合培养流水线上的产业工人。然而这三种教育哪一种创新效率最高？答案令人大跌眼镜，是工业化教育。中国在过去四十年里迅速完成工业化进程，社会分工越来越精细，工业化教育培养出大量合格人才，完美契合社会大变革。

工业化教育的弊端是什么？学生无法适应急剧变化的环境。当人工智能时代来临时，社会形态会发生很大变化。变革是一个过程，我们需要时间慢慢探索。

我认识不少名师，他们对中国传统教育颇多诟病。这些教师很可贵，他们自己在体制内取得了成功，却勇于自我否定，自我反思。一些刚刚从事教育工作不久的年轻教师有理想，有热情，也痛恨工业化教育。我个人建议还是先沉下心来，做出一点儿成绩再说。从理论的角度来说，理论比实践重要，而从实践的角度来看，实践比理论重要。最终，我们需要知行合一。

3. 三个维度

弹性思维是一种认知升级，我们至少要学会从三个维度来看待事物。

第一个维度是时间。

老同学聚会时，时间这个维度就特别明显。大家常说，时间是一把杀猪刀，老同学不复当年青春的容颜。每个人的命运各异，机遇亦有不同，大家只有感叹祸福难料，命运无常。

此时来回看当年的教育，也许就会有不一样的感悟。一个好老师，至少要有看到未来二十年的眼光，要能看到孩子未来的样子，能做短期无益、长期大益的事情。

第二个维度是价值。

《论语》里有一个故事是这样的，鲁君怠政，不亲自参加祭祀，子贡便打算节省一头羊。孔子知道后，很生气地说：“赐也，尔爱其羊，我爱其礼。”子贡的价值观建立在祭祀活动这件事之上，国君不来，还能省一只羊；孔子的价值观建立在祭祀对国家秩序的意义上，国君不来，是怠政，是乱象。所以，两个人处在不同的价值层面。

在不同的价值层面对话，如鸡同鸭讲，对牛弹琴。若别人与我们的观点不一致，我们一定要去思考他背后的价值观是什么，与我们的价值观有何区别。

一些教师喜欢听话的孩子，那些喜欢提意见、爱折腾的学生常常被认为是“刺头”。但在我眼里，这样的孩子有独立思考能力，有批判性思维，我反而很欣赏，并为他们创造对话的平台与反映问题的渠道，帮助他们将合理的建议变成现实。

第三个维度是视角。

我们下意识地认为自己是唯一的，因此更要学会从自我视角跳转到宇宙视角。站在宇宙的角度看，地球不是唯一，太阳系不是唯一。宇宙中的恒星数目比海滩上的沙粒都要多。我们刚刚呼吸的气体分子，若干年前可能也进入过秦始皇、成吉思汗的肺中。

我们是如此渺小，却又是如此封闭。说到底，还是自己想不通。成功了怎么样？失败了又如何？得到了怎么样？失去了又如何？你以为别人很在乎你，其实他们可能根本不以为意。还是那句话，人对了，世界就对了。跳出自己，世界就开阔了。

三、结语

“这是一个最好的时代，也是一个最坏的时代。”查尔斯·狄更斯（Charles Dickens）的名言流传至今，在任何时代都适用。人的大脑从远古时代进化而来，常常自我矛盾，要想走出困境，我们需要弹性思维。

汉语是世界上最精确同时又是最模糊的语言之一。前两天我被网上流传的一些中文考试题目给逗乐了，如：

豆腐两块一块，到底多少钱一块？

小龙女说，我想过过过过过过的生活。

由此可知，要提升洞察力，学好母语很重要。

用产品思维来做管理

稻盛和夫是日本著名实业家。创业初始，他一个人包办了从产品开发到生产、销售等几乎所有工作。到了第五年，公司员工达到上百人，他意识到，他一个人再怎么努力也忙不过来了。他头脑中灵光一闪，把公司分割成一个个独立的小单位，每个单位都像独立的企业一样自主运营，这就是著名的“阿米巴经营”的雏形。

今天，上海平和教育发展集团有限公司发展到了一定规模，我在殚精竭虑之际，头脑中闪现出了与稻盛和夫类似的念头。各部门不能再倚靠集团，而要设法自主经营，独立面对市场竞争。要做到这一点，大家首先得具备产品思维。

前不久，平和教师发展中心向老师们推荐了“得到”APP 上梁宁老师的课程“产品思维 30 讲”。最初我听到有人质疑：我们是学校，为什么要学习产品思维？为什么要学做产品经理？为什么要提升产品能力？

先说说什么是产品能力。梁宁老师在课程的发刊词里开宗明义地说：“产品能力就是一个人判断信息，抓住要点，整合有限的资源，把自己的价值打包成一个产品交付给世界，并且获得回报的能力。”

可见，产品思维能帮助我们建立认知框架，提高个人价值。作为学校的管理者，如果我们具备了产品意识，我们就会思考：家长把孩子送到学校来，希望从学校得到的价值是什么？我在学校工作，为学校奉献的价值又是什么？换言之，在足够自由又充分竞争的情况下，家长为什么选择我们学校，学校又为什么选择雇佣我们？

为帮助大家理解，我着重谈三个基本概念：产品思维，设计思维，增长思维。每讲一个概念，我都会先从一个案例引入，随后再解读一个关键词，最后分别从组织生长与个人认知的角度加以阐述。

一、产品思维

我要讲的第一个概念是产品思维。

产品思维的核心是“产品”。说到产品，我们能想到什么？用户、市场、需求、价值、消费、痛点、爽点、痒点、爆点、品牌、营销、场景、口碑、服务、流量、矩阵、形象、趋势、势能、生态位、支点、杠杆、资源、获客、风口、闭环、进化……

我先讲一个案例。

1. 案例：刘润谈如何写专栏文章

在移动互联网时代，出现了一种新的产品，叫知识产品。知识产品有一种形态，叫“订阅专栏”。我在“得到”APP 上坚持订阅万维钢老师的“精英日课”，这是一个为期一年的专栏。这个专栏很受欢迎，有几十万人订阅。会写文章的人很多，但是要使你写的文章让人愿意付费订阅，你就需要产品思维。

平和的老师曾一起学习过刘润老师的《成大事者，必须经历的三次跃升》。刘润老师是一位非常出色的专栏作家，在他的专栏里，有一篇《如何写出一篇好的专栏文章》，可以帮助大家理解如何把文章变成产品。

刘润老师讲了写作的三大心法：价值感，结构感，对象感。

第一个心法是价值感。所谓“价值感”，即你首先要想清楚你的文章能给读者带来什么价值，因为读者是要花钱购买你的文章的。有人问：“我不收费，我做公益，可不可以？”当然可以。但是有些文章，即便免费，也没有人去读。以前有一位老师去支教，但是他不了解山村孩子的需求，课上得不好。这位老师很生气，责怪学生“老师送教上门还不好好听课”。这就是没有价值感。事实上，学生听你的课是有成本的，至少付出了时间成本。时间是很值钱的！你的产品要物有所值。

第二个心法是结构感。结构感指的是作者在构思一篇文章的结构时不是基于自己想怎么写，而是关注读者会怎么读。刘润老师提出的“起承转合五步法”，能牢牢地抓住读者的注意力。

第一步，场景导入。刘润老师不提倡宏大叙事，而是主张用身边的事例，如“你卖的衣服已经很便宜了，可客户就是说贵不肯买”。身边的事容易让读者感同身受，有代入感。

第二步，打破认知。在这个场景中，这样做行不行？不行。那样做呢？也不行！如果把固有的认知都打破了，读者就会很好奇，想看看作者怎么说。

第三步，讲述核心逻辑。讲核心逻辑之前，要先讲一个案例，用案例带出逻辑。其实这就是我们之前所说的“故事力”——通过故事讲道理。读者自己从故事中悟出了一个道理，会很开心。刘润老师在文章中说：“一定要寓教于乐，伺候读者。”

第四步，举一反三。这一步就能体现出整篇文章的价值，让读者理解，这个道理可以有哪些灵活的运用。悟性高的读者还可以自己灵活创造新的运用场景。

第五步，回顾总结。要把文章中所有的关键点提炼出来，用几句话说清楚，并且还要给出金句。刘润老师说：“做个挂钟是不够的。把挂钟的结构塞进怀表里，才是对读者的尊重。”

第三个心法是对象感。写文章的时候，我们一定要想象对面坐着一位听众。我们不是在写文章，而是在跟对方交谈，我们在诉说。因此，尽量不要在文章中用“大家”，而要用“你”。

如果说产品思维有一个关键词，我认为是“对象感”。

2. 关键词：对象感

对象感最早是播音员常用的一个词。假设你一个人坐在广播室里对着话筒说话，你的声音通过电波传出去，无数人在收听。你看不到听众，但是要想象听众就坐在你的对面，你在对他们说话。这就是对象感。

好的播音员、主持人都具备对象感。我小的时候特别喜欢听传统评书，那些说书人可是拿捏对象感的高手！他们知道如何把一个故事讲得吊足听众的胃口，往往讲到关键处时，将惊堂木一拍——“欲知后事如何，且听下回分解”。

脱口秀演员也有对象感。他们会在日常生活中收集各种笑料，在创作剧本的时候，形成各种包袱，包袱抖开的一瞬间，听众会哄堂大笑。

我曾经读过一本书《如何成为讲话有趣的人》，作者大卫·尼希尔（David Nihill）是一个爱尔兰脱口秀演员。书中有一个公式：笑点 = 铺垫 + 抖包袱。书里举了这样一个例子：

金佰利克拉克公司（Kimberly-Clark）前总裁达尔文·史密斯（Darwin Smith）有一次在公司内部演讲。

开场他就说：“好，我们现在起立默哀。”大家疑惑地互相看了看，好奇是谁去世了。之后大家不自在地低下头，安静地盯着自己的鞋。这个过程持续了一段时间后，史密斯看向台下的人群，以沉痛的语气说道：“刚才我们是在为宝洁公司默哀。”台下立刻炸了锅。当时宝洁公司是金佰利克拉克公司最大的竞争对手。[①]

这种演讲可谓对象感十足，演讲者完全掌控了听众的情绪。

我们学校曾共同学习了一本书《风格感觉——21世纪写作指南》。这本书是教我们写作的。书的作者认为，要想写出好文章，就得采用古典风格。什么是古典风格？一言以蔽之，就是“像跟朋友聊天一样写作”。你看，就是写作要有对象感。

在日常生活与工作中，没有对象感的例子比比皆是。

有些部门搞活动，邀请校领导去参加。可是主持人上台之后，常常不做自我介绍。他们以为老师和同学都认识自己，其实根本不是。有时候我办公室的门会被敲开，有学生来送一些活动的邀请函，我通常都会问：“你叫什么名字？”因为这些学生缺乏对象感，他们不知道他们所面对的对象首先疑惑的是——你是谁？

很多人参加过校长午餐活动。大家应该记得第一个环节是学生和老师依次自我介绍，而且我常常要求学生讲一点儿自己身上与众不同的细节，让别人加深印象。

《绝对价值：信息时代影响消费者下单的关键因素》一书说，今天消费者主要根据绝对价值而不是相对价值来决定是否购买产品。所谓“相对价值”，即产品的参数信息，而绝对价值指经过用户体验的产品质量。也就是说，好东西会口口相传。

一个组织应如何利用对象感来打造产品呢？

3. 组织生长：学校的对象

充分市场化的行业，都有充分的对象感。

---

① 尼希尔. 如何成为讲话有趣的人 [M]. 袁婧，译. 成都：四川文艺出版社，2019: 96.

电影市场是很好的例子。我看过一份中国电影市场的年报，2018年将近2000部影片有放映记录，其中1300多部电影票房不超过10万。电影行业的竞争之惨烈可见一斑。

一部电影理想的结果是既叫好又叫座。这里面涉及两个对象：一个是市场，另一个是行业。票房高，说明市场叫座；评价高，说明行业叫好。有一些商业片，票房很高，艺术价值却不高；反之，有一些文艺片，行业人士拍手叫好，奈何市场不领情。

2016年，电影《百鸟朝凤》上映时，导演吴天明已经去世。这部电影业内评价很高，其艺术价值得到了充分肯定，但票房惨淡。60多岁的制片人当众下跪，央求院线多排片，希望广大观众多关注这部影片。媒体宣传了一波，后来票房总算是比较可观。

我们在学校工作，是否认真考虑过，学校的服务对象究竟是谁？

我们打开许多学校的官网或者官方微信公众号后，不免心生困惑：这些内容究竟给谁看？即便我是这所学校的家长、老师或学生，可能也没有太大兴趣。

这些年来，我做了很多场开学演讲。我的演讲对象是谁？首先是平和的教职工。除此之外，我也讲给家长与教育界的同行听。

学校的服务对象比较多元，包括学生、家长、教师、主管部门等。学校开展一项工作，如果这些对象的感受与反馈都是正面的，这所学校就相当厉害。

前段时间，有位年轻教师参加上海市学科教学竞赛，我半开玩笑地提醒她，这种赛课不仅是上给学生听的，更是上给评委听的。从某种程度上说，评委的感受更重要。

评估学校里一个部门的工作，一个相对科学的方法是360度考评。所谓“360度考评”，是指与被考核者在工作中有较多工作接触、对被考核者的工作表现比较了解的不同方面的人员，从不同的角度对被考核者进行绩效评估，之后根据确定的不同评价者的权重得出一个综合的评价结果。你这个部门的工作做得好不好，你自己说了不算，上下左右各方面的意见都要考虑。

各个部门都要深入思考：你的服务对象究竟包括谁？你从你的服务对象那里征求过反馈意见吗？你的工作绝对价值高不高？

4. 个人认知：换位思考

产品思维最终落脚于个人认知能力的提升。有对象感的人善于换位思考。

孔子说："己所不欲，勿施于人"，这就是换位思考。自己不愿意做的事情，别人一定也不愿意做，因此我们不要强人所难。

一个人看自己通常看不清楚，要学会站在他人的立场来看自己。

这些年，我每年都要面试几十名教师。在面试过程中，我一般会有意识地通过一些问题来引导面试者进行自我认知，例如：在同事与朋友眼中，你是一个怎样的人？在最近一次挫折里，你收获了怎样的成长？有一些面试者在结束的时候会向我表示感谢，无论面试结果如何，他对自我都有了新的认知。有些面试者，我第一眼就没有看中，却依然很有耐心地循循善诱。让对方通过这次经历多少有一些收获，是我面试的一个基本原则。

美国作家戴维·布鲁克斯（David Brooks）在《品格之路》一书中提出"简历美德"与"悼词美德"的概念。你在简历中列出的优点是简历美德，例如学习能力强、经验丰富、有领导力、外形出众等。而在你去世之后，人们在追悼会上对你的称颂，就是悼词美德，如诚实、善良、忠诚等。

我们应当经常去想一想，如果让别人来对我们进行评判，评判的结果与我们的自评究竟有多少是吻合的。经常这样做，我们的自我认知能力就会提升。

每年平和的高三学生都会申请国外大学，申请的过程便是一个提升自我认知能力的过程。大学会要求申请者提供各种材料，包括平时成绩、标准化测验成绩、推荐信、自我介绍的文书、学术成果等。归根结底我们还是要问自己：对方为什么要录取我？把自己想象成招生官，在众多申请者之中，你因何脱颖而出？

学校强调立德树人。在校园里，无论你是不是教师，都要提醒自己保持良好的形象，你的一言一行都会对学生产生影响。

这两年，学校工会致力于为单身教师搭建交友平台。我向有意脱单的年轻教师推荐一本书《如何让你爱的人爱上你》。爱他人是一种品格，让他人爱你是一种能力。

我们在面对世界的时候，我们自己就是一个产品。德国哲学家弗里德里希·尼采（Friedrich Nietzsche）说："你凝视着深渊时，深渊也在凝视你。"你与世界相互凝视。

二、设计思维

我要讲的第二个概念是设计思维。

2019 年，世界著名创意公司 IDEO 董事长蒂姆·布朗（Tim Brown）出版了一本书《IDEO，设计改变一切》。作者在书中明确提出设计思维，即"以人为中心，创造性地处理问题，找到全新且更有效的解决方案"。

1. 案例：香港新荣记餐厅

梁宁老师在她的课程"增长思维 30 讲"里讲了一个关于新荣记餐厅的故事。

这家餐厅位于香港铜锣湾，2016 年的时候，月亏损 100 万元。营销大师李克运用设计思维，帮助新荣记一举扭亏为盈，2018 年全年盈利 6000 万。一家餐厅，位置没变，厨师没变，李克是怎么做到扭亏为盈的呢？

李克做了两件事。

第一件事：为每桌宴席写菜单。

不是用传统的写法写菜单，而是将菜单做成一张便于手机转发的图片。人们点开后，第一屏写着时间、地点、宴会主题，像一张请柬；中间逐屏展示菜品，设计得诗情画意；最后一屏是配合宴会氛围的图片，另外还配了一首诗。

梁宁点评说："过去我们就是用一条文字短信通知别人在哪里吃饭，现在菜单变成一枚社交货币。"

第二件事：向客人讲今天吃的菜有什么讲究。

梁宁说："用户体验 30% 是生理体验，70% 是心理体验。"

如果只是闷头喝，大多数人感受不到一万元的酒和 500 元的酒有什么不同。但如果主人绘声绘色地把美酒佳肴讲出门道来，别说一万元的红酒，就是一碗馄饨，让客人听完再吃，心理体验都会完全不同。客人震撼，主人体面，宾主尽欢。

这样一来，新荣记就产生了一个口碑——在新荣记请客特别有面子。再加上很不容易订位，新荣记逐渐在这种口碑效应中，成了香港家喻户晓的餐厅。

设计思维特别关注一个点，那就是用户体验。

2. 关键词：用户体验

籍莉老师在平和教育集团旗下的筑桥实验小学做校长时，每学期都会做一次"影子学生"，即跟着一名学生，完整地体验他一天的生活。《启示录：打造用户喜爱的产品》一书的作者马蒂·卡根（Marty Cagan）说，要想打造受欢迎的产品，团队里必须有一个岗位，叫作用户体验设计师。

梁宁老师在她的课程"产品思维 30 讲"里把用户体验分为五个

层次，分别是感知层、角色框架层、资源结构层、能力圈范围层、战略存在层。

我以微信为例。微信是个好产品。微信的第一个版本于 2011 年 1 月 21 日上线。我来说一组数字，大家会对这样一个伟大的产品有更直观的感受：截至 2021 年，每天有 10.9 亿用户打开微信，3.3 亿用户进行视频通话，7.8 亿用户进入朋友圈，1.2 亿用户在朋友圈发布图文，3.6 亿用户阅读公众号文章，4 亿用户使用小程序。

感知层指第一眼看到后的印象。打开微信，映入眼帘的是一个孤独的小人站在一个巨大的地球面前。不知道你的感觉是什么，我的第一感觉是淡淡的忧伤。《巴慕达：令人称奇的设计经营 从零到建立品牌的 8 个法则》一书说，设计应当满怀谦卑，满怀道德感。微信封面图片的设计充满谦卑感和淡淡的忧伤。

角色框架层指产品的自我定位。微信刚推出时，就是一个熟人间的通信工具。那时候，微信只有四个功能：导入通讯录，发送信息，发送图片，设置头像与微信名。微信面世之前，熟人间都是发短信联系，微信面世之后，发短信的人数锐减。

资源结构层指产品给用户带来了什么资源。微信这样一个小小的 APP，到底连接了多少资源，可以做多少事情？我经常用微信做的事有：与好友聊天，在工作群中布置工作，发图片与视频，消费支付，发红包，刷朋友圈，订阅公众号，等等。

再来看能力圈范围层。按照微信创始人张小龙的话来说，微信通过不断迭代，已经成了一种生活方式。微信甚至创生了一些新的职业。我订阅的几个微信公众号，几乎每篇文章的点击量都是 10 万以上。我每天使用手机，首先打开的就是微信。

战略存在层是一个终极问题，开发者要想清楚自己希望通过这个产品得到什么，希望用户通过这个产品得到什么。张小龙说，我们的微信号，也就是我们的身份标志。今天，我们若想了解一家企业，第一选择是打开这家企业的官方微信公众号，微信公众号成了企业的一张名片。而每个人的社交账号亦是这个人的名片。

北京洛可可科技有限公司董事长贾伟更加简明地将用户体验分为三层：感官层，行为层，情感层。他写了一本书《产品三观：打造用户思维的 5 个法则》，在自序中提到他设计的一个现象级的保温杯——55 度杯，该产品的销售额超过 50 亿元人民币。设计这个杯子缘于他的小女儿被开水烫伤的惨痛经历。55 度杯本质上是一个降温杯——迅速将水温降至 55 度，并长时间保持温度不变。

人的需求永远不会全部得到满足，因此，提升用户体验永无止境。

3. 组织生长：学校的用户体验

人生需要设计。所谓“低调的奢华”，就是精心设计而不露痕迹。

有一本书叫《上瘾：让用户养成使用习惯的四大产品逻辑》，读完后你就会知道游戏设计的奥秘。你在生活中有没有上瘾的时候？健身、减肥、玩魔盒、玩抖音都可能让人上瘾。我认识的一个人逛宜家上瘾。宜家的成功可不是偶然，如果你对宜家感兴趣，不妨读一本书《宜家的设计：一部文化史》。你会惊叹于宜家卖场设计之精巧，真是叹为观止。

《疯传：让你的产品、思想、行为像病毒一样入侵》是一本讲市场营销的书，书中提到要实现产品的“疯传”必须遵循六个原则，分别是社交货币、诱因、情绪、公开性、实用价值与故事。书中举了一个例子。

如果有人问你，有没有办法把半瓶矿泉水以一整瓶矿泉水的价格卖出去，你多半会摇摇头。但有一家美国公司却做到了。他们搞了一个营销活动，把缺水地区儿童的照片印在矿泉水瓶上，非常醒目。照片的旁边印有二维码，大家扫一扫就能得到这些儿童的具体信息。同时，该公司承诺将剩下的半瓶矿泉水捐给缺水地区的儿童。活动期间，53 万名儿童收到了捐助，300 多家媒体对此进行了报道，超过 30 万人关注，矿泉水的销量一举增加 652%。

大家特别要关注的是，媒体也是公司的客户，这家公司的设计首先给媒体带来了不一样的体验。他们受到消费者的欢迎，我可以用“现代营销学之父”菲利普·科特勒（Philip Kotler）《营销革命 3.0：从价值到价值观的营销》一书中的一句话来解释：“营销 3.0 是要和人们在价值观和精神上寻求共鸣。”

平和非常重视用户体验。我分享了一些细节，大家可以根据梁宁老师的五个层次理论，看看我分享的这些细节分别对应哪一个层次的用户体验。

①在过去几年里，平和的校园面貌发生了很大的改变，校园环境更加优美了，校园文化氛围也日趋浓郁。平和教育集团旗下的筑桥实验小学与青浦平和双语学校的校园建筑都是大师的作品，青浦平和双语学校更是被誉为“沪上最美校园”。

②一些学生对平和感兴趣，在通过学校的官网与微信公众号对平和有了深入的了解后，坚定了报考平和的意愿。

③平和作为一所十二年一贯制的寄宿制民办双语学校，在一至九年级实施国家课程，在高中阶段实施国际课程。

④ 2021 年 4 月 16 日上午，平和在图书馆为初中部青年教师施恺珉举行新书《物理魔术“施”》的首发仪式。仪式结束后，部分教师及学生代表与施恺珉老师共进午餐。

⑤ 2021 年 4 月 16 日下午，平和校友会联络处揭牌仪式举行。平和校友会致力于为校友搭建各种平台，以学校为中心，将校友连接起来。

⑥平和为非上海本地的年轻教师提供单身宿舍；平和校园里的咖啡物美价廉；平和食堂提供美味餐饮，有“舌尖上的平和”之美誉。

⑦平和不但设计学生课程，还设计教师课程，筑桥实验小学还有系列家长课程。学校致力于帮助孩子、教师与家长共同成长。

⑧平和高中部培养了一批又一批学生，其中 IBDP 项目被誉为“名校收割机”，毕业生深受世界一流大学青睐。

⑨平和聚集了一批认同学校理念的高素质家长。

⑩平和的办学成果受到社会肯定，在国内多个国际化学校排行榜上名列全国前十名。

在取得成绩的同时，还有哪些需要改进的地方？我曾经跟相关部门提过两点。第一是从用户体验的角度来看，录取通知书与毕业证书设计得不够惊艳。第二是没有给新入职的员工带来巅峰体验。

4. 个人认知：一切皆可设计

我年轻的时候不太注重个人形象。有一次去相亲，见面不到 5 分钟，女生便说，咱们可以做好朋友。这句话真是伤害性不大，侮辱性极强。

后来我明白一个道理，男生应当先考虑立业，再考虑成家。因此我更加努力工作，提升自己。我读了很多书，随着时间的推移，那些书慢慢沉淀下来，成为容颜的一部分。

后来我做了管理，经常面试新教师，意识到一个人的形象设计相当重要。有一次一位男老师穿着短裤就来面试了。幸好他实力超强，明显超出其他应聘者，我们也就录用他了，但还是提醒他要规范着装。还有很多次，应聘者满足基本条件，但是因为给人的第一印象不好，所以没有被录取。

我人生中第一次挑灯夜读，是读金庸的武侠小说。看得真是爽，舍不得放下，不知不觉天就亮了。工作若干年后，有一阵心血来潮，我把金庸的武侠小说又重新读了一遍。读到《射雕英雄传》时，我忽然产生一个疑问：郭靖这样一个天资愚钝之人，是如何成长为一个大侠的？

大多数读者会说，那是因为郭靖遇到了许多高人教他武功，又因为很多奇遇增长了很多内功，等等。我思考的则是，郭靖的遭遇在金庸的笔下纯属偶然，但是假如他的成长之路是有人刻意设计的呢？是不是一个普通资质的人也有可能成长为一代宗师？这种可能性在理论上完全存在。

我再用这个视角读《西游记》，便豁然开朗了。唐僧师徒四人西行取经，历经九九八十一难，最终修成正果。所有这一切都是设计的结果，设计师是如来。

《中庸》开篇即说："天命之谓性，率性之谓道，修道之谓教。"大意是说，上天给予人的气质叫作本性，遵循本性就是道，而教育就是修道。教育本质上是一种设计思维，而所有设计思维都要遵循人性规律。什么叫人性规律？举一个例子，古人说："吃一堑，长一智。"要想让人增长智慧，首先得让他去吃苦头。吃什么样的苦头，增长什么样的智慧，这个就需要设计。

一切皆可设计。圣吉说，如果组织是一条船，领导者就应当是它的设计师。同样，如果人生是一条船，我们自己是它的设计师。

三、增长思维

我要讲的第三个概念是增长思维。增长思维与设计思维一样，都是产品思维的不同表现形式。

上海金桥集团有限公司有一句口号："只争朝夕，慢进也是退。"这就是要求我们具备增长思维。增长思维的本质是持续做出正确判断与决策的能力。我读过一本书《富人思维》，它的封面上有一句话："高明的决策和投资远比低效的勤奋更重要。"

这就是我们常说的：努力很重要，选择更重要。

1. 案例：富爸爸穷爸爸

梁宁老师在“增长思维 30 讲”里讲了一个故事，这个故事实际上源自《富爸爸穷爸爸》这本书。

书里的“富爸爸”是作者同学的爸爸，也是作者认知金钱与财务的启蒙老师。作者 9 岁的时候，有一次去找这位富爸爸，问怎样才能变得富有。富爸爸让作者第二天去办公室找他。

第二天一早，作者就去找富爸爸，但富爸爸一直在忙，让他等到中午，最后给了他一份一周三小时、一小时 10 美分的清洁工作。

即使在 1956 年，这也是一份工资非常低的工作。作者干了一个月，就受不了了，他觉得这份工作赚得少，也学不到东西，毫无意义。于是，他想找富爸爸再谈一次，富爸爸又让他第二天来找自己。

在第二次谈话中，富爸爸跟作者说了一句影响他终身的话：“你两次在我的门口等着和我见面，第一次希望得到一份工作，第二次希望加一点儿工资。如果这个循环无限重复，就是绝大多数人的一生。”

富爸爸告诉作者，希望他从 9 岁的时候就意识到，他要从这样一个没有增长的循环中跳出去。

从没有增长的循环中跳出去，跳进一个有增长的循环，那就是一个“增强回路”。

2. 关键词：增强回路

刘润老师对增强回路的定义是：因增强果，果反过来又增强因，形成回路，一圈一圈循环增强，就是“增强回路”。

金融学里的复利效应、互联网领域的指数级增长、投资界的长期主义，都是增强回路。

一个孩子因为各种原因，有一段时间没有好好学习，导致成绩变差；因为成绩变差，老师和家长对他的态度就变差；这个孩子因此对学习更加没有信心，于是成绩越来越差。这就是一种恶性循环。

反过来，一个孩子遇到一位自己特别喜欢的老师，于是对老师教的学科特别用心，因此取得了不错的成绩，得到了老师的表扬；这个孩子对该学科更加有兴趣，更加投入，成绩越来越好，越来越稳定。这就是一种良性循环。良性循环、恶性循环都是增强回路。

刘润老师10岁的儿子一写作文就头疼，于是刘润老师专门开了一个微信公众号，把儿子的作文晒出来。有人点赞、打赏，他儿子的写作热情被激发出来，开始用心写作文，得到了更多的赞赏，形成了一个增强回路。刘润老师说，他的儿子现在经常跟他交流写作心得。

3. 组织生长：自驱型成长

学校也是一样。如果一所学校的毕业生很优秀，升学成绩很好，就能吸引优秀的学生前来就读，于是升学成绩保持优秀，生源也越来越好，就形成了增强回路。

学校的产品是课程，用户是学生。优秀的学生是优质用户，能够起到明星代言的作用。

平和的中层干部曾集体学习过一本书《自驱型成长：如何科学有效地培养孩子的自律》，西南大学心理学部教授高雪梅给这本书的推荐语是“最好的成长是自我成长，最好的控制是自我控制”。教育者应当致力于帮助孩子建立内在动机。孩子有了内在动机，才有可能形成增强回路。这个增强回路将持续影响他的一生。

小米集团创始人雷军曾说，要做成一件事情，我们要顺势而为，于万仞之上推千钧之石。顺势而为，就能积攒势能，所谓“好风凭借力，送我上青云”。势能一旦释放，就产生了增强回路。

平和这些年走的道路正是顺势而为。随着学校的规模逐年扩大，生源越来越好，师资越来越强，社会声誉也不断提升。

与增强回路相对应的是调节回路。如果说增强回路是小球从斜坡高处滚落，那调节回路就是钟摆。为什么我们2016年要走出去办学？因为如果不发展，学校各部门将进入一种安逸的状态，那是一种调节回路，正所谓“生于忧患，死于安乐”。

平和学生艺术团的发展也是增强回路。在10年的时间里，平和学生艺术团的规模扩大了50倍，这其中的关键因素是，艺术团实现了自生长。

平和教育集团成立之后，各分校展现出了惊人的生命力。随着内部人员的流动，这种生命力相互影响与感染。在集团中，管理的重心下移，创新的源头下移，更多自下而上的生长涌现，呈现出“水土丰美，百花盛开”的景象。然而，我们不能自满。《高效能人士的七个习惯》一书中的第二个习惯是“以终为始”。平和有一个目标：要成为全世界最好的中学和小学之一。我们离这个目标有多远的距离？我们现在正在做的事情在朝着这个目标进发吗？我们要形成怎样的增强回路，才能离这个目标越来越近？

4. 个人认知：凡事看趋势

大学毕业时，我选择到学校做老师。父亲有些失望，他问了我一句话：“这辈子就这样了？”

若干年后，我的一位大学同学对我说：“当年我们不理解你的选择，现在觉得你做的事情很有社会价值，很有意义。”

我没有让我的父亲失望，没有让我的大学同学看低，因为我有一套成长心法。这套成长心法就是，凡事看未来，看趋势。

刚参加工作那会儿，我几乎没有个人娱乐时间，我努力工作，业余时间读书，泡教育论坛，写反思日记。后来出版《班主任兵法》，侥幸爆红。

有教育界的前辈对我说：“你这辈子靠这本书就可以了。”我却再接再厉，又写出《班主任兵法2：实战篇》与《班主任兵法3：震撼教育36计》。我原本打算继续写下去，因为被提拔为中层干部，不做班主任了，于是潜心思考教育管理与青年教师专业成长，陆续出版了《用服务的态度做教师》《教师的五重境界》。后来我分管的工作调整为高中国际课程，我又出版了《向美国学教育》《40岁，开始学做教育》等书。

成为校长之后，我开始挑战自己，坚持在每学期开学前的教职工大会上做一个半小时的全脱稿演讲。这些演讲得到很多人的关注，使我有动力坚持下去，写出更高质量的发言稿。这就形成了一个增强回路。

对个人成长而言，最重要的增强回路是立志加反思。立志使人目标坚定，反思使人认知到自身的短板，并加以改进与提升。随着成功越来越多，失败越来越少，离目标越来越近，自身越来越强，你便敢于尝试迎接更大的挑战，并做更多的反思。反思很痛苦，但反思却是积攒势能的重要路径。

有人曾经问球王贝利："你最满意的进球是哪一个？"贝利回答："下一个。"再辉煌的成绩也会成为过去，我们应既往不恋，"踏平坎坷，成大道，斗罢艰险，又出发"。俞敏洪说，宁可死在改革的路上，也不死在成功的基因里。若沉溺于成功，便会盛极而衰。

四、结语：人是自己的产品

作家张晓风有一篇流传已久的散文《我交给你们一个孩子》，其结尾是"世界啊，今天早晨，我，一个母亲，向你交出她可爱的小男孩，而你们将还我一个怎样的呢？"

若用产品思维来读这篇散文，我们就可能不会认同作者的想法。你怎能苛责世界如何对待你家的小男孩呢？你应当思考：你培养了怎样的一个小男孩，他能给世界带来怎样的改变？

我一直记得大学毕业后来到平和做数学老师时内心的忐忑。我仿佛一个孤独的小人，站在一个巨大的地球面前。我把自己交付给世界，世界会认可我的价值吗？

人是自己的产品，自己和世界都是用户。稻盛和夫说：“我会在深夜听见产品哭泣的声音。”那是产品人内心的哭泣。天亮后，人们擦干眼泪，继续微笑前行。

教育者可以从进化论中学到什么

“沉舟侧畔千帆过，病树前头万木春。”我这次想跟大家聊聊进化论。

先请大家思考 3 个问题：

①世界上大部分人生活在什么国家，是低收入国家、中等收入国家，还是高收入国家？

②世界人均寿命是多少岁，是 50 岁、60 岁，还是 70 岁？

③世界上有多少人能用上电，是 20%、50%，还是 80%？

瑞典人汉斯·罗斯林（Hans Rosling）在担任世界卫生组织顾问期间，常年在世界各地演讲，每次演讲都会问听众 13 个问题，包括上面这 3 个。猜猜单个问题的最高正确率是多少？ 26%。

我来公布这 3 个问题的正确答案，看看你是否答对了：

①大部分人生活在中等收入国家。

②世界人均寿命是 70 岁左右。

③世界上 80% 的人都能用上电。

没有答对的人通常把世界想象得比实际情况更糟糕。这不是个体的问题，而是人类的普遍问题。人类不但喜欢杞人忧天，还会不自觉地夸大眼前的困难。

罗斯林在《事实》一书里列举了这 13 个问题，并且说负面思维是人的本能。

本能，是写在基因密码里的。

我常常想一个问题：人类为什么是今天这个样子？我们今天遇到的很多教育问题的根源是什么？这就使我开始关注一个领域——生物进化。这些年来，我特别关注这方面的信息和知识，也有一些学习心得。

我先简单聊一聊生命的进化史。

一、生命的进化史：演化而非进化

> 进化就是对随机性突变的非随机性选择。
>
> ——杰里・A. 科因《为什么要相信达尔文》

我们知道，地球已存在 46 亿年。生命大概诞生于 40 多亿年前，最早是单细胞生物。生命的进化速度极其缓慢。一直到 5.4 亿年前，寒武纪生命大爆发，几乎所有现存动物的祖先在短时间内纷纷出现。

英国剑桥大学教授理查德・福提（Richard Fortey）所著的《生命简史：地球生命 40 亿年的演化传奇》一书是生物进化领域的扛鼎之作。福提教授将生命分为三个阶段：海洋生命、陆地生命、哺乳动物与人类。陆地生命大约开始于 4.8 亿年前，而哺乳动物与人类的崛起只有 6500 万年。

福提教授做了一个比喻：假如将地球的历史浓缩为一天，最早的生命大约出现于凌晨 2 点，人类则出现在晚上 11 点 59 分。人类可真是一个新物种啊！

英国生物化学家尼克・莱恩（Nick Lane）在《生命的跃升：40 亿年演化史上的十大发明》一书中，总结了自然界的十大发明，分别是：①生命的诞生；②脱氧核糖核酸（DNA）；③光合作用；④真核细胞的出现；⑤有性繁殖；⑥运动；⑦视觉；⑧从冷血到热血；⑨意识产生；⑩死亡。

美国科普作家奇普·沃尔特（Chip Walter）在著作《重返人类演化现场》中提出人类今天的样子取决于进化中最关键的六大步骤，分别是：①人类大脚趾的突变；②拇指对屈；③喉部的变化；④面部神经演化；⑤大脑情绪区域与泪腺的连接；⑥嘴唇外翻。这六个重大的演化步骤，让我们能够直立行走、握住工具、发明语言、笑、哭以及亲吻。

人类一直在思考自己是怎么来的。初期，大家信奉神创论，连牛顿都说上帝是“第一推动力”。1809 年，法国生物学家琼·巴普蒂斯特·拉马克（Jean-Baptiste Lamarck）出版《动物学哲学》，率先质疑神创论，并将自己的研究成果总结为“用进废退与获得性遗传”。例如，长颈鹿因为一直要吃高处的树叶，所以脖子越伸越长，并且将这个特征遗传下去。然而自然界为什么会“用进废退”，拉马克不能解释，最终功亏一篑。

今天我们所熟知的进化论由英国人阿尔弗雷德·华莱士（Alfred Wallace）与查尔斯·达尔文（Charles Darwin）共同提出。最终历史将这份殊荣授予了达尔文，他于 1859 年 11 月出版《物种起源》，这本书成为划时代的巨著，永垂青史。

达尔文的天才之处在于，他在缺少化石证据的条件下，认定所有生命有共同的祖先，生物多样性是长期进化的结果，进化的两个基本原则是突变与自然选择。

进化论诞生之后争议不断，许多人认为进化论是一种与神创论并列的假说。然而，美国芝加哥大学教授杰里·A. 科因（Jerry A. Coyne）在《为什么要相信达尔文》一书中说，近年来，越来越多的发现表明，进化论不是一种假说，而是一个基本事实。

严格来说，“进化”这个词不准确，我们容易产生误解，以为生命是从低到高进化而来。事实上，突变是随机的，自然界中有许多进化不完美的例子，比较有名的是《熊猫的拇指：那些有趣的生命现象和生物进化的故事》一书中所指出的现象。熊猫的前手掌是一对“六指”，有了它，熊猫就可以灵活地抓握竹子，还能顺着竹竿捋下竹叶。我在前文中提到人类进化过程中有六大关键步骤，其中第二个步骤叫作拇指对屈，意思是大拇指可以轻松地与其他任何一根指头接触。别以为这个很容易，你用脚指头试试看！然而熊猫的这对“拇指”不是真正的拇指，而是由一块腕骨扩大形成。这种突变因为能帮助熊猫适应环境而被保留下来。

因此，进化有偶然性，突变很随机，自然选择可能因为一颗小行星而改变。若重来一次，生命不一定是现在的形态。许多科学家认为，用演化甚至分化来替代进化，会是更准确的表述。

进化论自诞生以来一直受到攻击，其中的一点是它无法解释生物界的利他现象。

二、进化的第三条原则：合作

> 人们快速的第一反应是合作，而缓慢的思考过程则会鼓励自私的行为。
>
> ——马丁·诺瓦克《超级合作者》

达尔文的进化论提出两条原则：突变与自然选择。

例如，左撇子就是基因突变的结果。据统计，西方国家大约有10% 的人是左撇子。为什么大多数人是右撇子？有一种理论认为，由于基因突变导致人类的大脑左半球更发达，而左半脑控制右手，因此右手更灵活。

自然选择决定了哪些突变能够保留下来，并遗传给后代。

英国有一种蛾子叫桦尺蛾。这种蛾子的翅膀是浅灰色的，它喜欢在有苔藓的树与墙上停留。工业革命时期，英国的空气被二氧化硫与煤烟污染，工业灰尘覆盖了植被。1848 年，昆虫学家首次在曼彻斯特附近采集到了黑色翅膀的桦尺蛾标本。之后，人们采集到的黑蛾标本越来越多，而且都集中在空气污染严重的工业化地区。到 1895 年，曼彻斯特附近的黑蛾所占的比例激增到接近 100%，而在非工业化地区，灰斑蛾仍然占绝对优势。桦尺蛾成为达尔文理论的铁证，人们授予它“达尔文蛾”的称号。

进化论强调物竞天择、适者生存，按此逻辑，生物应该是自私的，利他的生物在残酷的竞争中应该早已被淘汰，然而事实并非如此。这一问题也成为进化论反对者攻击进化论的重要突破口。美国生物学家戴维·斯隆·威尔逊（David Sloan Wilson）一生都在研究生物利他的问题，他在著作《利他之心：善意的演化和力量》中指出，在群体之内，自私胜过了利他，而在群体之间，利他胜过了自私。

也就是说，自然选择不仅针对个体，也针对群体。懂得利他的群体更能得到自然的青睐。

美国哈佛大学生物学教授马丁·诺瓦克（Martin Nowak）据此提出，生物进化除了突变与自然选择之外，还有第三个原则，那就是合作。诺瓦克还是一位数学教授，他在著作《超级合作者》中用一个数学模型证明：在充满不确定性的世界里，我们总是因为害怕吃亏而不与人合作，但其实最终胜出的一定是合作策略。

今天，人类社会的合作行为无处不在。中华传统文化的核心就是“和合”二字，中华文明也成为唯一传承至今的古文明。在漫长的进化过程中，人类是如何学会合作的？这得从原始人的社群生活开始说起。

三、社群生活：人类如何被塑造

> 唱歌和跳舞常常是产生归属感、集体感的重要方式，而归属感和集体感在全世界人类的小型社群中都是非常基本且重要的。
>
> ——罗宾·邓巴《社群的进化》

从猿到人的进化过程中，哪一步至关重要？是发现了火，直立行走，学会使用工具，还是发明了语言？

人类会使用火之后，就开始吃熟食，因为摄入的营养更多，脑容量也增加了。吃熟食对咀嚼的要求更低，人类的嘴巴就变得越来越小了。

直立行走更是至关重要。人类直立行走后，双手被解放出来，人类可以用手制造工具。马克思认为，学会使用和制造工具意味着人类的诞生。

早期，原始人聚集在一起是为了抵抗狮子、老虎等猛兽的攻击。人多力量大，可以捕猎到个体无法制服的猎物。群体生活也有利于繁衍后代。后来，人类为了更好地协作，逐渐进化出了语言。

现代人类属于智人，智人只是会使用火和工具的原始直立人的一支。为什么智人最终胜出？赫拉利认为，与火、工具、直立行走相比，语言的发明更重要。他在《人类简史：从动物到上帝》一书中指出，语言使智人有了描述虚拟对象的能力，于是产生认知革命，最终智人脱颖而出，战胜了其他人种，成为地球的统治者。

英国人类学家罗宾·邓巴（Robin Dunbar）对社群的进化有很深入的研究，他还贡献了一个数字“邓巴数”——在社群生活中，人类维持人际关系的上限是150人。我们可以数一数微信好友数，经常联系的好友绝不会超过150个，这与人的大脑容量有关。

在社群生活中，人类还逐渐进化出意向性能力。“我知道”是一阶意向性，“我知道你知道”是二阶意向性，“我知道你知道我知道”是三阶意向性，依次类推。邓巴在《大局观从何而来》一书中说，人类具有五阶意向性能力，少数人如威廉·莎士比亚（William Shakespeare）具有六阶意向性能力。如果你能读懂下面这句话，你就具备了成为伟大作家的潜质：

我想（一阶）你一定认为（二阶）他希望（三阶）你觉得（四阶）我想要（五阶）你能明白（六阶）。

原始人白天打猎，晚上办篝火晚会。《创造的本源》一书说，有人对一个原始部落做过统计，原始人白天的对话比较直接，大多跟打猎有关，晚上在篝火边的对话大部分都是讲故事。同时，原始人逐渐进化出愤怒、羞愧、快乐等各种情绪。因为原始人已具备讲故事、虚构以及意向性能力，所以人文艺术方面的创造逐渐蓬勃展开。社群开始有了文化。

作家阿城写过一本书《文化不是味精》。他说，人类的动物本性决定了人具有攻击性，表现为暴力、掠夺、压迫。这就是“武化”的逻辑。与之对应的是“文化”，文化是一套抑制攻击本性的社群生活准则。一个有文化的人，是能用“文”而不是“武”来处理自己与他人的关系的。

人性本恶还是人性本善？“武化”就是恶，“文化”就是善。恶与善皆在人类的基因里。

社群生活也让人类付出了代价。一个人独自生活时，懒惰可以保存精力，胆小容易保命，与群体生活在一起时，这些就都成了缺点。不仅如此，进化并不完美，给人类带来了一系列失配性疾病。

四、失配性疾病：文明发展太快

> 你和龙虾的共同点可能比你想象的要多，尤其是当你气得张牙舞爪的时候。
>
> ——乔丹·彼得森《人生十二法则》

人类自诩为万物之灵，但有一位生物学家却把人类称为“裸猿”，并将人类作为动物来研究。这位生物学家就是英国的德斯蒙德·莫利斯（Desmond Morris）。他于1967年出版的《裸猿》一书轰动全世界，他在书中从起源、性行为、育儿、探索与游戏、争斗、觅食与进食、梳理与安抚等方面探讨了人类的动物行为。

畅销书《枪炮、病菌与钢铁：人类社会的命运》的作者是美国历史学家贾雷德·戴蒙德（Jared Diamond），其成名作是《第三种黑猩猩：人类的身世与未来》。地球上有两种黑猩猩，他们与人类的基因差异不到2%。因此，戴蒙德认为，人类就是第三种黑猩猩。

现代人类的祖先是生活在非洲的智人。大约7万年前，智人开始走出非洲，散布至世界各地，并逐渐演化成今天的人种。

早期人类住在森林里，靠采集狩猎为生。后来到了大草原上，逐渐学会了直立行走，学会了用火，发明了语言。大约1万年前，发生了农业革命，智人驯化了小麦、玉米、马铃薯等植物以及山羊、鸡、猪等动物。从进化的角度来说，1万年的时间太短了，人类文明发展的速度太快了，人类身体出现了许多与现代社会“失配性”的问题。

仅以直立行走为例，直立行走给人类带来了腰椎间盘突出症、骨盆变小、颈椎病、膝关节磨损、心脏负荷加大、痔疮、疝气等疾病。

美国哈佛大学人类进化生物学系主任丹尼尔·利伯曼（Daniel Lieberman）是研究人体进化与人类健康之间的关系的权威。他通过研究发现，人类还是适应光脚跑步，穿跑鞋会给脚带来损伤。他在著作《人体的故事》中提到很多失配性疾病，如动脉硬化、骨质疏松、近视、2 型糖尿病等。

以近视为例，在采集狩猎时代，近视的发病率很低。然而今天，近视已经非常普遍。人近视的主要原因是长时间近距离工作，长时间聚精会神地注视近处的物体。因此，要想减少近视发病率，改善照明、调整坐姿都不如多进行室外运动。人类眼睛的生理结构还是更适应户外而不是室内。

长久以来，人类进化出一套强大的免疫系统，将那些对健康产生危害的寄生虫、细菌与病毒杀死。同时，还有大量的细菌被豁免，形成微生物群落，与人体共生。微生物群落与免疫系统就像跷跷板一样，形成了微妙的平衡。

花粉过敏是一种现代疾病，本质是免疫系统障碍。原来现代社会的卫生条件变好之后，人类再也接触不到一些能够与免疫系统形成平衡的微生物与寄生虫了。从某个角度来说，免疫系统就像是卫兵，若得不到足够的训练，战斗力就会出问题。

心理疾病在今天的社会中发病率很高，美国科普作家莫伊塞斯·贝拉斯克斯 - 曼诺夫（Moises Velasquez-Manoff）在《过敏大流行：微生物的消失与免疫系统的永恒之战》一书中说，心理问题如自闭症、抑郁症等也可以从微生物群落中找到答案。在一项研究中，科学家发现抑郁症患者的肠道微生物与健康人显著不同，将抑郁症患者的粪便菌群移植给无菌小鼠后，小鼠表现出明显的抑郁症状。

现代文明严重偏离自然规律与人的本性，带来许多隐患。许多学者对此忧心忡忡，奥地利动物学家康拉德·洛伦茨（Konrad Lorenz）就是其中一位。他写了《文明人类的八大罪孽》来揭示这些问题，八大罪孽分别是地球人口爆炸、自然的生存空间遭到毁坏、人类自身的竞争、脆弱使人类所有强烈的情感发生萎缩、遗传的蜕变、抛弃传统、人类的可灌输性增加、核武器。

洛伦茨的导师、德国动物学家奥斯卡·海因洛特（Oskar Heinroth）有一句名言："人类才是人类的天敌。"大家想想看，在一个生态系统里，若一个物种没有天敌，那会是什么局面。如果出现这种情况，那个物种一定会成为自己的天敌。

这是因为，大自然有一套隐秘的自我调节机制。

五、天地不仁：万物皆为刍狗

> 在大自然中，不仅每一个齿轮与其他齿轮相互啮合，所有的一切都与其他要素相互交织成一张大网。
>
> ——彼得·渥雷本《大自然的社交网络》

科学家发现，人类遇到的许多难题，大自然都给出了答案。

《超级生物探寻指南》一书中记载了一些超级生物的例子。

游隼在捕猎时，通常先飞到猎物上方，将翅膀收起来，然后像出膛的子弹一样，突然向下俯冲，速度可以达到每小时 300 公里以上！

人类的耳朵能听到的声音频率大约在 20 赫兹至 20 千赫兹之间，蝙蝠的回声定位叫声大约可达到 200 千赫兹，而有一种叫大蜡螟的飞蛾，能够听到的声音频率可达 320 千赫兹。

世界上跑得最快的昆虫是美国加利福尼亚州的蜱螨，它的奔跑速度高达每秒 322 个身体长度，相当于人类每小时跑 2000 公里。

非洲象仅用几年时间，就能从 130 多公斤长到 4500 多公斤，按照这种细胞分裂速度，非洲象患癌症的概率应该是人类的 100 多倍。然而，大象体内有一种基因，能让癌细胞无处藏身。

世界上最年长的树是一种叫颤杨的杨树，科学家发现它时，它已有 4 万多根树干，寿命超过 8 万年。可以说，颤杨看着地球上的人类从猿猴进化至今。

《疯狂的进化：动物世界的奇葩物种和它们的生存绝技》一书记载了另一个匪夷所思的海洋生物故事。海参用肛门呼吸，隐鱼会乘虚而入，穿过海参的肛门与肠道，进入海参体内一个叫作呼吸树的器官，那是海参呼吸时水流汇集的地方，有活水有氧气。隐鱼吃什么呢？吃海参的内脏！海参有一个特长是各种内脏能循环再生。只要隐鱼数量不是太多，大家都过得挺开心。

《大自然的社交网络》一书中说，自然界像是一块无与伦比的庞大钟表，万物之间都有着精密的联系。

20世纪初，美国的农民为了保护牲畜，大肆捕杀狼群，结果引起一系列连锁反应。狼减少之后，鹿的数量激增，草被吃光了。这导致土地贫瘠，河岸土质松动，河流经常改道。鹿吃完草，又吃野果，导致灰熊时常饿肚子。直到1995年，人们重新投放了狼群，一切才逐渐恢复正常。

1928年，英国细菌学家亚历山大·弗莱明（Alexander Fleming）在无意间发现了青霉素，医学的黄金时代到来。此后，链霉素、红霉素、氯霉素等抗生素相继被发现，但与此同时，滥用抗生素也成了一个大问题。滥用抗生素导致的一个后果是，有害病菌的耐药性越来越强；另一个后果是，人体内的微生物群遭到破坏。

大自然冥冥之中有一股调控的力量。从生物学上来说，生男生女的概率应该是一样的。然而事实上，世界各国的新生儿男女比例在104∶1至107∶1之间，平均为105∶1。为什么大自然要让男孩多一点儿？我认为是因为女性的平均寿命更长。2010年中国第六次人口普查数据显示，当年我国人口平均预期寿命达到74.83岁，其中男性为72.38岁，女性为77.37岁。女性与男性的预期寿命之比大约为106.9∶100。

在古代，由于人均寿命短，男孩女孩结婚就早。在现代社会中，由于人均寿命越来越长，男女初婚年龄也在不断增长，出生率则一再下降。这是不是大自然在暗中调节呢？

美国著名天体物理学家尼尔·德格拉斯·泰森（Neil deGrasse Tyson）有一句名言："宇宙没有义务让你理解。"人类必须承认自己的无知，懂得谦卑与感恩。

六、教育：从进化论中得到的启示

> 快乐易逝，这将使我们陷入周而复始的不满足。原因正是自然选择的"设计"：使快感易于消退，从而带来不满足，驱使我们追求更多快感。
>
> ——罗伯特·赖特《洞见：从科学到哲学，打开人类的认知真相》

从进化论的角度看，每一次自然环境的改变，都会对不同的物种产生有利或不利的影响。眼看他起高楼，眼看他宴宾客，眼看他楼塌了。这样的例子比比皆是。

作为一名教育工作者，我从进化论中得到以下四个启示。

1. 一视同仁，善待各种品格

在学校里，老师们都喜欢"好"学生。"好"学生的特征包括学习认真、守纪律、尊敬老师、团结同学、自律、专注力强……

一句话，老师喜欢聪明且勤奋的学生。

问题在于，聪明值得表扬吗？聪明是天生的，因此我们不要表扬聪明，而要表扬勤奋。可是，勤奋其实也是天生的。内向、外向、勤奋、懒惰都是写在基因里的特征。有些人有强迫症，爱干净、爱整洁到了变态的程度，我们该表扬还是批评？

《天生变态狂：TED心理学家的脑犯罪之旅》是一本研究变态心理学的书，书中说，人群中有约2%的人具有心理变态的某些特征，这些特征包括感情冷漠、善于欺骗、冒险冲动等。作者认为，这些特征一定给个体与社会带来了好处，所以才能延续下来。我们来看看这些特征究竟对人类有什么益处。

焦虑会降低人的免疫力，而感情冷漠的人不容易焦虑，因此冷漠的人可能更健康，更长寿。此外，冷漠的人更能够发挥“冷认知”的能力，他们行事冷静、理性，有机会成为强有力的领导者。

善于欺骗的人脸皮厚，口才好，相对来说，更容易找到配偶，在延续基因方面有优势。

冒险冲动整体上对人类文明是有益的。历史上，一代又一代冒险家通过孜孜不倦的探索，扩展了人类认知的边界。冒险失败往往会付出生命的代价，冒险成功则会带来丰厚的回报。人类文明因为那些成功的冒险而不断进步。

进化论告诉我们，突变是没有方向的，自然选择是各方面因素综合作用的结果。没有好坏之分，只有适合不适合。因此，人性所表现出的各种特征没有高低贵贱，没有好坏善恶。大自然一定会保留物种的多样性，这样，无论大环境如何变化，总有一些物种能够存续下去。

我们一直说“时势造英雄”。如果是在乱世，那些具备“变态”特征的人更可能脱颖而出；如果是在和平时期，稳健保守的人可能更受重用。汉朝初年，丞相萧何临死前推荐曹参接任，孝惠帝同意了。历史为什么会选择曹参？曹参自己对孝惠帝说：“您不如高祖，我不如萧何，他们把大局定下来了，我们遵照他们的意思实行就可以了。”

因此，无论遇到什么样的学生，我们都要善待他们，因为每一种品质都有价值。

2. 尊重差异，珍惜与众不同

平和倡导“和而不同”。做到“和”已经不易了，要做到“不同”

则更难。

无论是教师还是学生，越是与众不同，越需要被珍惜。

刘芹是著名投资人，这些年投资了很多成功的企业。他在专访中说，投资最重要的就是投人、投人、投人。

刘芹还说，他不投 3-sigma 以内的人。

3-sigma 是一个统计学的概念。人群的许多特征并不是均匀分布，而是像一个钟摆形的正态分布。大部分人在平均水平，少部分人偏离平均值。1 个 sigma 是 1 个标准差，3 个 sigma 就是 3 个标准差。统计学告诉我们，若以平均值为标杆，允许 3 个标准差的波动，那么 99.73% 的样本都在这个范围之内。

刘芹说，99.73% 的人也许都不会被投资，因为他们也许没有什么新意，所以投资人要找的其实就不是正常人，而是与众不同的人。

有人问刘芹，如何判断创业者是否与众不同。刘芹回答，我们经常问创业者他有什么想法是大家觉得有点儿奇怪的，甚至是大胆的、疯狂的、荒谬的。因为只有疯狂的背后，才可能是巨大的创新。

夜深人静时，你不妨问问自己：你的优势是什么？这个优势在人群中属于 3-sigma 以外吗？如果是，恭喜你，你就是千里挑一的人物。

在学校里，我看到“不同”的人会两眼放光。对这些“不同”，我都会非常包容，甚至有些纵容。我们可能会被“不同”的人打扰，甚至会有些不快，但还是要宽容他们，因为他们的处境更艰难。一个组织会因为一个个“不同”的个体而变得气象万千，多姿多彩。

英国哲学家伯特兰·罗素（Bertrand Russell）有一句名言：“参差多态，乃是幸福的本源。”很多人没有真正理解这句话。没有黑，哪有白；没有苦，哪有甜；经历过战乱，才知和平的珍贵；经历过失去，才会珍惜短暂的拥有……“不同”产生对比，没有“不同”，就没有幸福。

3. 高效学习，顺应大脑的特征

日本东京大学药学系研究科教授池谷裕二写了一本书《考试脑科学：脑科学中的高效记忆法》，专门研究如何根据大脑的特征来提升考试成绩。

大脑有两个特点。第一个特点是，相比于“记住”，更擅长“忘记”。

人每天会接收很多信息，而大脑容量有限，必须将宝贵的资源用于储存必要的信息。什么样的信息是必要的？就是那些有助于生存的知识，如哪些情况是危险的、哪些食物可以吃等。其他信息统统被过滤掉。

基于此，以下四个工具可以提升记忆效率。

第一个工具是一种叫“θ波”的脑电波。这种脑电波最高能够将记忆效率提升10倍。当人们处于好奇、紧张、兴奋或者期待的状态时，θ波就会出现。如果人对学习的内容不好奇怎么办？可以尝试在移动的状态下学习，人一旦动起来，θ波便会出现。

第二个工具叫作“杏仁核”。杏仁核主管情绪，人的情绪高涨时，效率就高。那些让我们印象深刻的事情，往往夹杂着强烈的情绪，即所谓“刻骨铭心”，一辈子难忘。你有没齿难忘的事情吗？当时是一种什么情绪？焦虑感也能激活杏仁核，“临阵磨枪，不快也光”就是这个道理。

第三个工具是“关联”。意思是，把你要记住的这件事，跟其他事物尽可能多地联系起来。思维导图依据的也是类似的原理。

第四个工具是“知识输出”。一次输入加上一次输出的效果大约相当于四五次输入。因此，适当的输出可以提升记忆效率。

大脑的第二个特点是，记忆事物很不“精确”，天生就“模糊”。

我曾经听过一位演讲者说过一句特别精辟的话：“当我们回忆时，我们到底在回忆什么，是事实、情绪还是想象？”

人类早期的生存环境时刻都在发生变化。如果记忆像计算机一样精准，那就丧失了灵活性，反而不利于人类生存。因此，当我们回忆的时候，我们常常将事实、情绪与想象掺杂在一起，而且把它们都当成事实。

基于大脑的这个特点，我们学习知识时就需要循序渐进，先了解大的学科框架与背景，再逐渐聚焦深入。这是一个从模糊走向精确的过程。

4. 敬畏大众，谨防精英主义

进化论被提出之后，影响迅速扩大。英国哲学家赫伯特·斯宾塞（Herbert Spencer）将它扩展到社会领域。他认为，在社会生活中，强者生存，弱者淘汰，这就是社会达尔文主义的核心观点。

在过去两百多年中，社会达尔文主义以许多不同的面貌出现，优生学、种族主义、帝国主义、性别歧视，都是它的不同变体。如今又多了一个——精英主义。

在达尔文那里，进化指的是生物产生新的特征，以适应变化的环境。达尔文在描述生物结构时，从未用“高等”或“低等”这样的词。

有一些寄生虫寄生在动物肠道里，直接吸收已经消化好的营养，生活十分轻松。它们不需要运动，只需要有一个吸盘或者钩子把自己固定在宿主的肠道中，甚至连自身的消化系统也不需要了。这些寄生虫的进化算是进步还是退步？

在现有的教育评价体系之下，有些学生占优势，有些学生显劣势。占优势的不一定就是精英。如果你善于解数学题，你无疑比较幸运。可是如果评价标准是谁爬树、跳绳或者唱歌比较厉害，自诩为“精英”的可能就换成另一批人。人无高低贵贱之分，分工不同而已。万物相生相克，人类志在征服自然，但一个小小的病毒就让我们狼狈不堪，更不要说地震、洪水、龙卷风这些自然灾害了。

七、结语：苍天选择谁

简单总结一下以上内容。

第一，生命的进化史。生命诞生于约 40 亿年前，哺乳动物和人类的历史只有 6500 万年。

第二，进化的原则。除了达尔文提出的突变与自然选择之外，当代生物学家还提出了进化的第三个原则——合作。大自然选择自私的个体及合作的群体。

第三，社群生活。人类写在基因里的特征，反映出了辛酸而壮阔的进化史。对基因而言，人类是一种解决方案。大自然还能够进化出比人类更好的解决方案吗?

第四，失配性疾病。现代人类文明发展速度太快，身体的进化完全跟不上。人类成为自己的天敌。

第五，大自然的力量。人类遇到的几乎所有难题，大自然都给出了答案。大自然有一种隐秘的力量，暗中掌控一切。

第六，教育者能从进化论中学到什么。进化是演化，而不是优化。不要自诩为精英，要谦卑，要感恩。

2020 年东京奥运会中有几位运动员值得一说。第一位是开幕式中美国队的旗手之一埃迪·阿尔瓦雷斯（Eddy Alvarez），他曾经在 2014 年索契冬季奥运会上拿到短道速滑男子 5000 米接力赛银牌，这次他作为美国棒球队的一员同样拿到了银牌。

第二位是苏炳添，曾有人认为黄种人 100 米跑的极限是 9 秒 85，而他在 32 岁的“高龄”，以 9 秒 83 的成绩打破了人们的认知。

最后一位是奥地利女子公路自行车运动员安娜·基森霍弗（Anna Kiesenhofer），她是瑞士洛桑联邦理工学院的数学博士后研究员。此次她一个人参加奥运会，没有教练，没有后勤，没有队医，却如同孤胆英雄般，第一个冲过终点线，震惊世界。

人类为什么要举办奥运会？在任何一个项目上，都有其他物种胜出人类许多。答案或许可以在奥林匹克的口号中寻找：更快、更高、更强——更团结。这是人作为一个物种的自我追求。

大自然显然认可并选择这样的追求。

均衡——破解学校管理的难题

人的一生，处于各种矛盾之中。

小时候盼着长大，以为长大后就有了自由；长大了，才明白无忧无虑的学生时代是人一生中最美好的时光。年轻时羡慕年长的管理者有经验，有权威，有资源；等到自己成了年长的管理者，看着后辈会不禁感慨："年轻真好！"

拥有时不珍惜，珍惜时已失去，这似乎是人生的常态。我一度非常困惑和迷惘，后来从儒家学说中得到启发。儒家提倡做人要像君子，那什么是君子呢？孔子有一段精彩的论述："质胜文则野，文胜质则史。文质彬彬，然后君子。"这段话翻译成白话文就是："质朴多于文采，就会显得粗野；文采多于质朴，就难免流于浮夸。只有质朴和文采配合适当，才能成为君子。"

这就是一种均衡啊！

这些年来，我在学校管理工作中努力在各种矛盾中寻求一种均衡之道。我从个体、组织与社会的角度简单谈一谈感悟。

一、文武双全

在个体层面，我强调文武双全，即通识与专长的均衡。

"文"是通识，指一个人要有充分的知识广度；"武"是专长，指这个人同时要具备足够的知识深度。这就是现在人们常说的"T"型人才。前段时间我读了一本书《跨越式成长：思维转换重塑你的工作和生活》，书中提到新加坡人才观的核心是“π”型人才。T 是一横一竖，π 是一横两竖，“π”型人才指的是在至少两个领域中都有足够的深度。

文武双全还可以理解为文理兼备。前段时间社会上的一种论调“文科生太多会影响国家发展”引起轩然大波。实际上，我觉得真正影响国家发展的，不是文科生太多，而是文理兼备的人太少。

平和提倡中西融合的教育，就是力争汲取中西教育的精华，进而取得平衡。中国基础教育强调内驱力、意志品质、计算、记忆等，西方教育强调表达、合作、批判性思维等，两者各有所长。我曾经引用过一个词“全球本土化”（glocalization）来论述中西融合课程的实施，即用国际化的理念来教我们基础教育的国家课程。我们这几年一直在做这方面的探索。

二、和而不同

在组织层面，我强调和而不同，即权威与涌现的均衡。

权威与涌现来源于《爆裂：未来社会的 9 大生存原则》一书，书中提出的第一个原则就是“涌现优于权威”。传统组织依靠自上而下的“权威”，现代组织则更看重自下而上的“涌现”。原因很简单，传统社会是确定的，未来社会是不确定的。创新更多地依赖涌现而不是权威。

平和的校园文化是八个字：平而不庸，和而不同。2019 年我出版了一本书《学校管理的本质》，封面上有我的一段话：“学校管理的本质是搭台，是成长，是赋能。”平和的校园里有一个双鱼广场，我为双鱼广场写了一段话：

鸟瞰平和建筑，恰似双鱼戏水；

鱼戏莲叶间，海阔凭鱼跃。
平和如水，师生如鱼；
平和双语，水大鱼多。
子非鱼，安知鱼之乐？

我认为，学校里有两条鱼，一条鱼是学生，一条鱼是老师。养鱼先养水，水就是学校文化。我现在每年给毕业班学生的毕业纪念册题词时，都会宣扬“平而不庸，和而不同”的文化。例如，2020 年的题词是“平生多壮志，和睦少烦忧”，2021 年的题词是“平心酬壮志，和韵谱长歌”。这两个题词都蕴含在矛盾中寻求均衡的思想。

三、百花齐放

在社会层面，我强调百花齐放，即供给与需求的均衡。

今天我们经常听到供给侧结构性改革、需求侧改革，要理解这些只要记住一点，就是充分发挥市场在资源配置中的决定性作用。学生的需求是非常多样的，我们学校在满足学生的需求方面还有不小的空间。若一个学生寒窗苦读近二十年后性格孤僻，与社会脱节，这既是个体的悲哀，也是社会的悲哀。

民办学校的出现就是要满足老百姓对教育的多样化需求。我在 2020 年底的长三角民办教育论坛上做过一个发言，主题是“水土丰美，百花盛开”。我提到上海的教育生态比较多样化，有各种类型的学校。2021 年平和的一位高三女生被牛津大学的梵语专业录取，著名学者钱文忠先生闻讯，专程赶到平和向该女生赠书。中国正走在伟大民族复兴的道路上，需要在各个领域涌现一大批具有国际视野的综合型人才。平和鼓励学生在校园里展示和发展自身的不同，将自己的兴趣和专长均衡地结合起来。看到平和的孩子们多姿多彩，各有所长，我发自内心地认为，我们的下一代是很有希望的。

四、结语

大家都知道北京市十一学校是中国基础教育界的改革先锋。有一天我读到一本书《非常理想，特别现实：北京市十一学校章程与制度集萃》。我在心里默默地给李希贵校长点了个赞。他在理想与现实之间的均衡方面做得特别好，他悟出了中庸之道的精髓。

凡事皆有三种解决方法

最近，我看到北京字节跳动科技有限公司创始人张一鸣的一段话："认知是一个人最大的竞争力，你对事情的理解就是你在这件事情上的竞争力。……你对这件事的认知越深刻，你越有竞争力。"

学校管理者需要坚持学习思考，提升自己的认知能力。不能用身体的忙碌，来掩盖头脑的清闲。认知升级了，竞争力才能提升。

这次我要谈的是一个老话题"凡事皆有三种解决方法"。

下属遇到工作上的问题，来向你请示，你该怎么做？不要着急，不要生气，保持冷静，保持平和，你只需问一个问题：你有什么方案？

你可以要求下属向上级汇报困难时必须自带解决方案。不但要有解决方案，而且至少要拿出三个解决方案。不是说办法总比困难多吗？那就在工作实践中拿出实际行动来，而且要将此作为一种管理习惯。

那么，如何想出三个方案呢？以下是十种思路。

一、上策、中策与下策

古代君王若遇到难题，会让谋士出主意，谋士通常会出上中下三策。

举一个经典的例子。《三国演义》中，刘璋听信谗言，邀请刘备入蜀。刘备入蜀之后就不想走了，便请庞统出主意。庞统献出上中下三策。

上策是，乘刘璋不备，直接奇袭他的老巢成都，一战定输赢。

中策是，就近先把刘璋手下的大将杨怀、高沛斩杀，然后再去攻打成都。

下策是，如果不动手，就先返回荆州，再徐徐图之。

刘备最后选择了中策。后来有人评价，上策太冒险，下策太消极，中策相对比较保险。天下没有完美的方案，我们大部分时候都处于两难之中，在两难之中择其中，也是大多数人的做法。

有人猜测庞统的本意就是中策。给出上策与下策，只是让刘备下定决心而已。由此可知，买东西要货比三家，做方案也要有上中下三策。

二、中杯、大杯与超大杯

星巴克的咖啡有三种型号：中杯、大杯与超大杯。

这个设计很巧妙，普通商家只是简单地分小杯、中杯、大杯，星巴克用了设计思维，结果就完全不同。

中杯、大杯、超大杯究竟与小杯、中杯、大杯有何不同？这值得我们从各个角度去细细分析玩味。

如果你去星巴克，点的是中杯，店员通常会问你：加 3 元就能换成大杯，换不换？有人做过调查，一半左右的人同意换成大杯，而且感觉自己好像赚了一样。而如果你直接点大杯，店员就不太可能会问你要不要升级成超大杯。

事实上，三种型号里，卖得最多的也是大杯。从心理学的角度看，中杯的设置就是一个锚点。通过对比，大杯的性价比就彰显出来了。就好像我们去逛商场买衣服时通常都有折扣。有些商家会直接把打折商品的原价标出来，然后画一个叉，再用更大的字体写上最新的价格。顾客就会凭空生出购物的动机。

中杯的性价比实际上很低，这和很多商品原价虚高的道理类似。所以我们跟领导汇报工作时，如果只有中杯这一个方案，多半是会被骂的。但是如果另外有大杯与超大杯两个方案，效果就会完全不同。

三、应然、实然与或然

应然，就是应该怎么样；实然，就是实际怎么样。

大家在讨论问题时，有时会各说各话，因为大家在不同的层面，所以达不成共识。例如，老师批评小明："你为什么上课时说话？"小明回答："小丽也说话了，你为什么不批评她？"

老师在应然层面，他认为小明不应该上课时说话；而小明在实然层面，他认为实际上小丽也说话了。

上级定的目标常常属于应然层面——去年增长了10%，今年应该更高。下级心里暗暗叫苦，他们知道实然的情况——去年大家已经使出洪荒之力，今年外部形势发生了变化，能够实现去年的目标就不错了。

或然，就是有可能但不一定。梦想就是一种或然，创新也是一种或然。非常人成就非常事。只要有1%的可能，我们就要付出100%的努力。

真实的路径，往往是介于应然与实然之间的或然。我们要拼搏到无能为力，努力到感动自己，然后等待命运的青睐。

四、移用、化用与独创

2022年高考全国甲卷的作文题是这样的：

《红楼梦》写到“大观园试才题对额”时有一个情节，为元妃（贾元春）省亲修建的大观园竣工后，众人给园中桥上亭子的匾额题名。有人主张从欧阳修《醉翁亭记》“有亭翼然”一句中，取“翼然”二字；贾政认为“此亭压水而成”，题名“还须偏于水”，主张从“泻出于两峰之间”中拈出一个“泻”字，有人即附和题为“泻玉”；贾宝玉则觉得用“沁芳”更为新雅，贾政点头默许。“沁芳”二字，点出了花木映水的佳境，不落俗套；也契合元妃省亲之事，蕴藉含蓄，思虑周全。

以上材料中，众人给匾额题名，或直接移用，或借鉴化用，或根据情境独创，产生了不同的艺术效果。这个现象也能在更广泛的领域给人以启示，引发深入思考。请你结合自己的学习和生活经验，写一篇文章。

我先简单解释一下“翼然”“泻玉”与“沁芳”。翼是翅膀，“翼然”就是鸟张开翅膀的样子；“泻玉”指的是水流倾泻而下，像白玉一样；“沁芳”则含义隽永，既可指花的芬芳沁入水中，亦可指水流带着花的芬芳沁入园中，“芳”亦可指代大观园里的女孩子们。

大观园是为元妃省亲而造，这是基本背景。“翼然”取自于《醉翁亭记》，这篇文章是欧阳修被贬到滁州时写的，表达了他宁愿归隐也不同流合污的心志，“翼然”这个词显然不合适。

贾政觉得要体现“此亭压水而成”的特点，要从“泻出于两峰之间”取一个“泻”字，于是有人提出“泻玉”二字。这两个字实在是粗陋不堪，显示出贾政的才学实在是平庸。这两个字不但意思直白，毫无余味，更重要的是，很容易让人想到另一个谐音词，绝不可用。

“沁芳”就很高明，有多重含义，不同的人有不同的理解。元妃来看时，甚至可能会想到这是贾家在受到皇家的沁润后感谢皇恩浩荡。贾宝玉独创出“沁芳”这样的词，连平日里一直对他很严厉的贾政也点头默许，可见内心是相当的满意。

当然，不懂翼然、泻玉与沁芳的具体含义也没关系，只要懂这三个词的来源即可。作文题中实际上已经讲得很清晰了，这三个词分别对应移用、化用与独创。我们在面对困难时经常使用这三种方法。

移用，就是看一看别人遇到这种问题时是怎么解决的，把方法照搬过来就可以了。

移用的问题有两个：一是涉嫌抄袭；二是世界上没有完全相同的两片树叶，事情总有一些不同。因此，借鉴别人的方法时，还是要根据实际情况做一些修正、改进与优化，这就是化用。

独创是最难的。“沁芳”就是曹雪芹的独创，用在此处非常合适。红学专家周汝昌甚至说，《红楼梦》的核心就是“沁芳”二字。

在《红楼梦》的这个案例里，移用、化用与独创有优劣之分，在实际生活中，我们当然鼓励独创，但是独创的风险也很大，化用反而是相对更稳妥的做法。

五、本手、妙手与俗手

2022 年全国新高考Ⅰ卷的作文题也同样很有热度：

“本手、妙手、俗手”是围棋的三个术语。本手是指合乎棋理的正规下法；妙手是指出人意料的精妙下法；俗手是指貌似合理，而从全局看通常会受损的下法。对于初学者而言，应该从本手开始，本手的功夫扎实了，棋力才会提高。一些初学者热衷于追求妙手，而忽视更为常用的本手。本手是基础，妙手是创造。一般来说，对本手理解深刻，才可能出现妙手；否则，难免下出俗手，水平也不易提升。

以上材料对我们颇具启示意义。请结合材料写一篇文章，体现你的感悟与思考。

所谓“本手”，就是常规方法。我们在职场做事，就跟下棋一样，定式研究多了，经验丰富了，无论遇到什么情况，心里大概都是有些数的。知道本手该怎么走，作为棋手，你就登堂入室了，作为职场一员，你也是合格的。

然而，若只会下本手，竞争力还远远不够。遇到稍微厉害一点儿的棋手，你走着走着就会处于劣势。你似乎并没有犯什么错误，可是最后棋就是输了。要想有所作为，要想脱颖而出，就一定得会下妙手。下妙手不容易，是千锤百炼、厚积薄发的结果。蘅塘退士说：“熟读唐诗三百首，不会吟诗也会吟。”这里指的是本手。杜甫说：“读书破万卷，下笔如有神。”这里指的是妙手。

要会下妙手，光有勤奋不够，还得有天赋。陆游有诗云：“文章本天成，妙手偶得之。”杜甫夸赞李白有诗才：“笔落惊风雨，诗成泣鬼神。”乾隆皇帝也很勤奋，一生写了四万多首诗，可有一首广为流传吗？

一个人若基本功不扎实，天赋不够，还要追求妙手，就会弄巧成拙，成为“俗手”。这叫“聪明反被聪明误”，或者“偷鸡不成蚀把米”。

在上文有关《红楼梦》的试题中，“翼然”算是本手，中规中矩；“泻玉”岂但是俗手，简直可被称为恶手；“沁芳”则是妙手。

我们给上级写方案，方案一可以是本手，常规方法；方案二则应是妙手，天外飞仙；方案三是其他组织使用过的，曾经是妙手，被用多了便成了俗手。

六、蚂蚁、蜻蜓与飞鸟

日本教育学家佐藤学早年写过一本书《静悄悄的革命：课堂改变，学校就会改变》，影响了一代教育人。他认为做教育研究要有三只眼，分别是蚂蚁之眼、蜻蜓之眼和飞鸟之眼。这三只眼对应的正好是微观、中观与宏观。

蚂蚁在草丛中爬行，熟悉青草的味道，能感知土壤的湿度。普通一线教师贴地行走，看待教育的眼光就是蚂蚁之眼。

蜻蜓虽然飞不高，但是能看到一片草地的生态，对草地有相对全面系统的把握。学校管理者看待教育的眼光就是蜻蜓之眼。

飞鸟视野开阔，它们既能发现草丛中的一只野兔，也能看到草原的尽头是什么。教育专家看待教育的眼光就是飞鸟之眼。

按照佐藤学的理解，好的教育者必须同时具备这三只眼，这显然不太容易。注重细节的人往往格局不够，格局宏大的人往往抓大放小。从岗位的需求来说，组织中的基层、中层与高层应该分别侧重于蚂蚁、蜻蜓与飞鸟这三种视角。

换句话说，高层最应该做的是制定战略，基层最应该做的是执行，而中层则介于这两者之间。

七、物理立场、设计立场与意向立场

美国哲学家丹尼尔·C. 丹尼特（Daniel C. Dennett）写过一本书《直觉泵和其他思考工具》。所谓“直觉泵”，我们既可以理解为思想实验，也可以理解为思考工具。书中提到，人类通常有三种立场：物理立场、设计立场与意向立场。

我们可以大致将这三种立场理解为他、我、你这三种人称。

物理立场是第三人称。用第三人称来叙述时通常是客观的，用一种旁观者的心态来客观冷静地阐述事实，不带任何成见。就好像物理规律客观而永恒，不因你、我、他而改变，每个人所理解的物理规律都一样。

设计立场是第一人称。丹尼特的设计立场指的是一种反思精神。

我设计了一个程序，这个程序总是出错，我得检查一下我的错误究竟在哪里。当我们用第一人称来叙述时，我们通常带着深深的反思与内省。我们在倾诉的同时意识到自己的不足与错误，心中满是悔恨。

意向立场是第二人称。这是我们经常持有的立场。面对下属的问题，管理者往往会下意识地持有一种指责性的倾向："你为什么会犯这个错误？你本应该那样做。"

下属在向上级汇报工作时，可以采用物理立场，摆事实，讲道理，说明自己所面对的是一个不可能完成的任务；也可以采用设计立场，反思自己的不足，从自己身上找根源；一般情况下，要避免意向立场，把过错推得一干二净，认为都是别人的错。

八、法学家、经济学家与商人

刘润老师认为，一个人心中应当有三种"对错观"，即法学家的对错观、经济学家的对错观和商人的对错观。

刘润老师举了一个例子。A 诱骗 B 到没有锁门的工地 C，结果 B 失足摔死了。请问，这是谁的错？

法学家认为这是 A 的错。但刘润老师接着说，这种对错观不一定能防止类似案件再发生。

经济学家认为这是 C 的错。因为整个社会为了避免 B 被 A 诱骗到工地的成本，比工地 C 把门锁上的成本要高得多。虽然工地会觉得冤枉，但是以后若工地把门锁上，这样的事情将会大量减少。显然，经济学家是从社会总成本的角度来判断一件事情该由谁负责。

商人则认为这是 B 的错。因为无论把谁抓起来，B 都无法起死回生。谁损失大，就是谁的错，谁就应该吸取教训。

真实的情境有时更复杂，不同的利益相关方会对事情的是非曲直有不同的看法。每个人在坚持自己立场的同时，不妨也考虑一下其他人的立场，这样大家也许能找到一个求同存异的方案。

九、零阶、一阶与高阶

人的天性就是趋利避害，听到赞美就开心，听到批评就有抵触情绪。这种天然的反应属于零阶。

有修养的人会反省：我为什么这么沉不住气，这么容易就喜形于色或者怒不可遏？反思多了，对自己的零阶反应会生出一种情绪，可能是惭愧，也可能是懊恼，这种情绪就升级为一阶。

我们还可以再进一步想一想：为什么会惭愧，我到底在惭愧什么呢？听到批评不开心是人之常情，没必要惭愧内疚，于是“看山还是山，看水还是水”。直面批评，也接受自己的不开心，把注意力聚焦在他人批评的内容上。别人批评你时，你面不改色，不动如山，这就是高阶了。

平时写报告或者发言时我们也可以做这样的升级练习。

很多人即兴发言时想到什么说什么，结结巴巴，语无伦次。这是零阶发言。

有经验的人发言是有套路的。例如，我若在会议中突然被主持人点名发言，我可能会这样开头：“我简单谈三点感受……”然后一边说，一边想。事实上，你只要想出三个主题词，然后发挥一下即可，不需要讲太多。这是一阶发言。

受过专业训练的人士能够做高阶发言。原中央人民广播电台主持人徐溟旭有一个“三点一线”的理论：即兴发言时讲三点，且这三点都在同一条逻辑线上。也就是说，在一阶的基础上，注重三个主题词的内在逻辑。例如：感谢—祝福—期许；过去—现在—未来；接纳情绪—给足资源—促进行动；等等。能在不同的场景中运用自如且自然流畅，才是真正的高手。

十、短期、中期与长期

巴菲特有一个“10—10—10”法则。他说，每次做出重要决定之前，就会问自己3个问题：这个决定在10分钟后会带来什么结果？在10个月后呢？在10年后呢？问题的答案通常会成为他做出最理性决定的依据。

在我看来，巴菲特的这个法则体现出他具备短期、中期与长期的决策视角。

多年前，我曾经给一位高中毕业生留言：“弱者报复，强者宽容，智者忽略。”那名同学当时受到了一些不公正的待遇，内心有怨恨情绪。我给出了报复、宽容与忽略三种选择。

面对不公正的待遇，如果要求10分钟内做决定，很多人会选择报复；如果要求10个月之后再来处理，大部分人会选择宽容；如果要求10年后再来处理，估计没几个人还记得，自动忽略。

我们之所以更提倡长期主义的策略，是因为我们要做时间的朋友。时间是尺度，时间是解药，时间是答案。“子在川上曰：‘逝者如斯夫！不舍昼夜。’”

十一、结语

在自习课上，小丽向小明请教问题，小明耐心回答。班主任正好在窗外巡视，抓个正着。班主任批评小明时，小明有三种应对方案。

方案一：抵赖，死不承认。“老师，你看错了，我一直很守纪律。”

方案二：认怂，同时叫屈。“是小丽先跟我说话的，老师你为什么不说她？”

方案三：认错，深刻反省。态度极其诚恳，绝不牵扯小丽，甘愿受罚。

根据我二十多年的教育经验，大部分学生都会选择方案一或方案二。那些选择方案三的学生都是骨骼清奇之人，前途不可限量。

下编

教育者的修养

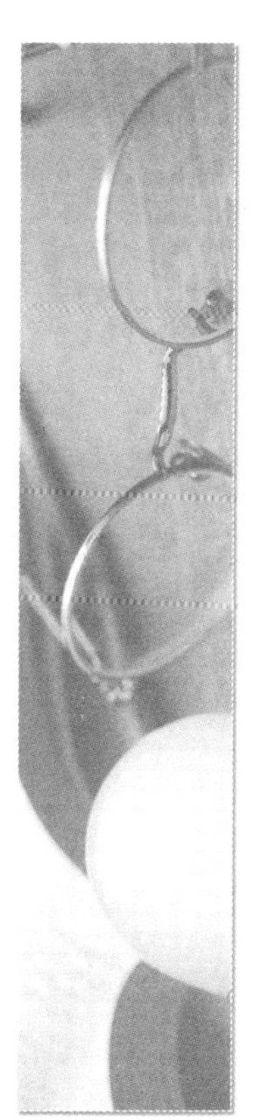

教育者的七个“静”界

2021 年秋季学期的每天清晨，我都会早早到学校，参加在图书馆举行的读书会。读书会由高中部教师陈放今自主发起，参加者是自发而来的教师和学生。

有一天，读书会的主题是传统文化的启蒙教育，年轻的小张老师推荐了她的大学老师黄晓丹副教授的书《陶渊明也烦恼——给家长的传统文化启蒙课》。我当即在网上下单买了一本，到货后马上开始阅读。

这本书有三十课，第一课“诗词歌赋是儿童成长的后花园”就深深地吸引了我。黄晓丹老师在书中讲了一个故事。

她在无锡长大，小时候每年秋游都会去太湖边上的鼋头渚。大多数小朋友秋游时都很兴奋，黄晓丹却是另类。有一次秋游，在自由活动时间，黄晓丹一个人坐在湖边等待集合。她坐在那里看太湖，看着看着就看到了水天交接之处的小岛，然后就想到了姜夔的一首词：“燕雁无心，太湖西畔随云去。数峰清苦，商略黄昏雨。”（《点绛唇·丁未冬过吴松作》）

本来闷闷不乐的黄晓丹，突然就把自己的处境和这首词连接在一起。词作者坐在湖边发呆，燕子和大雁来了又去，黄昏的雨来了又去，大自然有规律地运行，词作者觉得自己被落下了。黄晓丹与词作者产生了共鸣。有了这种连接后，孤独无聊就转变成了自得其乐。那些打打闹闹的同学哪里能体会到这种美妙？那次秋游给她带来的快乐让她终生难忘。

在安静的夜晚，我读着黄晓丹老师的文字，隔着书本，竟也能感受到她那种被冷落的感觉。抬眼望窗外，夜色朦胧，高楼沉静，远处街道上灯光闪烁，车来车往。一瞬间，我仿佛跨越了时空，与黄晓丹老师和大词人姜夔一起，进入情景交融、物我两忘的境界。

一口气阅读了数章，已是夜静更阑。我略有倦意，却没有入睡，因为有一篇约稿悬系于心头，约稿的主题是一个字——“静”。

此刻，万籁俱寂，我也静了下来。我有沉静的气质，我能听见寂静的声音。过去几日，我虽没有动笔，脑中却有构思。我打开电脑，新建一个文档，写下标题——教育者的七个“静”界。

“静”界一：静以修身

“夫君子之行，静以修身，俭以养德。非淡泊无以明志，非宁静无以致远。夫学须静也，才须学也，非学无以广才，非志无以成学。”这段话出自诸葛亮的《诫子书》，我的床头就挂着写有这段话的一幅书法作品。

我年少时性格活泼，爱开玩笑。虽然常常能够活跃气氛，但也难免言多必失。后来我偶然结识一位前辈，他身上的沉静之气让我沉迷。每一次会面，他大部分时间都在微笑聆听，偶尔说两句也是点到为止，惜字如金。

人性中有一个弱点就是喜欢八卦。在别人神神秘秘地转述给你一个消息之后，你会有一种很强烈的冲动把它转述出去。在转述的过程中，会有意无意地加入自己的理解与想象。

我曾经做过这样的事情，间接给别人带来了伤害，事后我追悔莫及。再听到有关他人的传言，我都会提醒自己：“谣言止于智者。”无论传言是靠谱还是不靠谱，我都会默默“吃进去”，不再“吐出来”。“静坐常思己过，闲谈莫论人非”成了我的座右铭。

后来我看电影或电视剧，其中最吸引我的往往是那种言语不多但行动果敢的形象。这是那位前辈对我的影响，也是我努力的方向。

“静”界二：静待花开

唐代诗人严恽有诗云：“尽日问花花不语，为谁零落为谁开。”（《落花》）

宋代大文豪欧阳修有词曰：“泪眼问花花不语，乱红飞过秋千去。”（《蝶恋花·庭院深深深几许》）

你问或是不问，花就在那里，不言不语，静静地开。所有教育者必备的基本素养，就是静待花开，而“静”，是其中的关键。

曾经有一位朋友向我咨询：“读六年级的儿子调皮不懂事，不开窍，不用心，好动，成绩上不去，怎么办？”

我随口问：“您自己是什么时候开窍的？”

他抱歉地笑笑，说：“我九年级才开始懂事，真正发力是在高中。”他随即补充说：“时间不等人哪！”

我说：“他遗传了您的基因，您就安静地等待吧。不要急。”

三年后，他见到我兴奋地说，他的儿子奋发图强，连续两次大考都获得年级的最大进步奖。晚上自觉在房间里学习，家长要不停地催促，他才睡觉。

“这几年您做了什么？”我问。

“我给他请了一位老师，教他打太极。没想到他竟然学得很好！现在每天晚上回到家，他还自己打坐20分钟。”

我朝他竖大拇指。练太极、阅读、下棋、写书法等项目，都能培养孩子静心的能力与习惯。这位朋友真正做到了静待花开。

“静”界三：桃李不言

南宋诗人方岳有诗云：“桃李不言随雨意，亦知终是有晴时。”（《入村》）我对这两句诗的解读是，桃李静默不语，享受雨水带来的滋润，等待天晴时再绽放出更美丽的花朵。

教育的力量不在于急，而在于缓；不在于说，而在于做；不在于噪，而在于静。

我的一位朋友中年得女。他对教育特别上心，投入大量时间陪伴女儿。

有一次聚会，他说：“女儿老是对我提要求。”

“怎么提要求？”大家问。

“我不允许她吃饭的时候玩平板电脑，她就要求我不看手机。”他说。

“然后呢？”大家问。

“她很坚持，我就不看了。”他说。

在第二年的聚会上，他告诉我们，五十岁的他开始学钢琴了。

大家很惊讶，问他为什么。他说：“为了鼓励女儿坚持弹钢琴，我就跟她一起学。我其实一点儿都没有天赋，年纪大了学习能力也差。我第一次弹的时候，钢琴老师捂着嘴笑。第二次，她还是笑。后来就不笑了。”

我对他油然而生敬佩之情。“桃李不言，下自成蹊。”人人都知身教重于言教，然而真正付诸实践且持之以恒的人少之又少。

“静”界四：静水流深

平和教育集团每年都会招募新人，在面向新教师的发言中，我常常讲的一句话就是“板凳要坐十年冷”。有时也有另外的表达，如

“十年磨一剑”“厚积薄发”等。

我对他们的忠告是“不鸣则已，一鸣惊人”。靠什么一鸣惊人呢？答案是深度学习。深度学习包括深度阅读、深度工作、深度思考等一切静水流深的形式。

我喜欢在安静的时候思考，后来具备了一种能力，在嘈杂的地方也能安静地进入自己的世界。有时候开车，想一个问题入了迷，竟自言自语起来，把车上的人吓一跳。

深度学习会产生心流，仿佛在黑暗中灵光一闪，“今朝尘尽光生，照破山河万朵”。

被光照耀的时候，尽情绽放；被冷落的时候，默默积蓄能量。一年两年，三年五年，十年二十年，静静地等待属于自己的时代。

主持读书会的陈放今老师是我十分欣赏的读书人。他的家在浦西，学校在浦东新区，他每天早晨乘坐头班地铁，赶到学校后匆匆吃两口早饭，就到图书馆坐等大家的到来。

我跟他有过深聊，他是有故事的人。我称赞他有中国文人之“古风”，平静的外表下，静水流深，深不见底。

“静”界五：静观万物

宋代大儒程颢有诗云：“万物静观皆自得，四时佳兴与人同。”（《秋日偶成》）这句诗讲的是静观万物、格物致知的道理。

有一副广为流传的名联称“诸葛一生唯谨慎，吕端大事不糊涂”。我自己成了学校管理者后，面临大事，需要做正确决策时，就会想起这句话。

后来，我又读到一副对联：“每临大事有静气，不信今时无古贤。”我不禁豁然开朗。愈是面临大事，愈是身边的人慌乱之时，我们愈要保持冷静。静气是做出正确决策的保障！

我偶尔也有慌张、恼怒以至于失态的时候，冷静下来后十分后悔，进而后怕。如果我是带兵打仗的将领，在战斗的关键时刻，我被情绪冲昏了头脑，失去了理智，胡乱指挥，那么整支队伍将会因为我的愚蠢而遭遇灭顶之灾。那时，我又有何面目去面对江东父老！

格物，最终格的是心。明代大儒王阳明曾经对着竹子拼命“格”，格了七天七夜，什么都没格出来，还差点儿把身体弄垮。多年之后，他在贵州龙场悟道，成为一代“心学”宗师。

王阳明年轻时数次科考落榜。有人在放榜现场号啕大哭，王阳明却说：“别人以落榜为耻，我以落榜之后心动为耻！”这种泰山崩于前而色不变的静气，我内心十分向往。

“静”界六：雁度寒潭

《菜根谭》里有一段话：“风来疏竹，风过而竹不留声；雁度寒潭，雁去而潭不留影。故君子事来而心始现，事去而心随空。”

这些年，我逐渐感悟到，这才是教育者的至高境界呀！

育人教书，岁月静好；寒来暑往，花落花开。一批批学生进来，一批批学生出去。天真烂漫的学生充满青春的热情，怀揣着对未来美好人生的憧憬，与教育者在校园中相逢，恰如风来疏竹、雁度寒潭。有学生的校园热闹非凡，没有学生的校园静谧异常。

你来或不来，作为师者的我就在这里，“不以物喜，不以己悲”“先天下之忧而忧，后天下之乐而乐”。

学生成长就是试错的过程，缺乏静气的教育者往往会被学生搅得心烦意乱。我刚工作那会儿也曾经暴跳如雷，现在想来是我当时心浮气躁，德行不够。

《诗经》有云：“高山仰止，景行行止。”也许只有到达此境界的人，才能做到“事来而心始现，事去而心随空”吧。

“静”界七：知止守静

学校请来一位书法家参加活动。几位同事向书法家求字，一位老师问我求什么字好。她的名字中有“静”字，我想了想，对她说：“知止守静。”

我跟她解释，在我的心目中，这四个字是中华传统文化的极高境界。《大学》里说：“知止而后有定，定而后能静，静而后能安，安而后能虑，虑而后能得。”“知止”是起点。

人既要学会进取，也要学会停止。不努力、不进取当然不行，但要适可而止，过犹不及。而什么时候正好达到中庸的状态，没有极高智慧的人根本不能察觉。

“知足”是不去想得到得不到的东西，“知止”是放弃可以得到的东西。

书法家写完这四个字，这位老师很开心。我跟她说，把这四个字裱好，拿回家去挂起来，每日一读，终有一天，会有不一样的感悟。

孔子说“五十而知天命”。我所理解的“知天命”，就是知止守静。

苏东坡夜饮醒复醉，作词曰：“夜阑风静縠纹平。小舟从此逝，江海寄余生。”（《临江仙·夜饮东坡醒复醉》）王维晚年进入“诗佛”的境界，“人闲桂花落，夜静春山空。”（《鸟鸣涧》）“行到水穷处，坐看云起时。”（《终南别业》）人生旷达如此，烦恼何所寄托？

结语：静心独处

我虽然自己热爱阅读，提倡阅读，但对不喜欢阅读的人，却也有无限的包容。因为我认同企业家左晖在一次采访中说的话：“读书是一项最被夸大的美德。”

读书是一种爱好，并不是一项美德。历史上，读书千卷、坏事做绝的人不在少数。

读书的乐趣在于静心，静心的目的在于修身。

然而，修身的途径不止读书一种。我身边的朋友大致通过三种途径来提升认知、修炼自己，分别是读书、读人、做事。

有些人喜欢通过读书来学习；有些人喜欢跟别人交流沟通，他们觉得活生生的人才能带来启发；有些人则喜欢做事，他们觉得完成一个大任务、大项目之后，能力会有显著提升。

如果说读书、读人、做事有什么共同点，那就是最终都要回归到读自己。人最终还是要与自己相处。理性的我与感性的我相处，理想的我与现实的我相处，意识的我与潜意识的我相处，未来的我与过去的我相处。

在时间的旷野里，在命运的大河中，每个人都是“孤舟蓑笠翁”，一个人静静地“独钓寒江雪”。

教育管理者的修养

学校教育的整体目标是立德树人，这是一项长期的任务。

要实现这个目标，学校的教育管理者需要具备较高的个人修养。我在学习中华优秀传统文化的过程中得到了很多灵感，提炼总结为三点。

一、重德惜才，德即是才，德胜于才

1. 人才不是太多，而是太少

人是一个组织最核心的资产。管理者最重要的工作之一，就是发掘和培养人才。我们要保持一种求贤若渴的姿态，看到优秀人才时要两眼放光。同时，也要以动态发展的眼光看待人才。每个人都既有长板也有短板，如果说一个刚入职的人是石头，也许经过你的培养他能成为璞玉。对于有个性的人才，我们要尝试找到合理的使用方法；对于难得一见的人才，我们要不拘一格，突破常规。

2. 生命不为利己，而为利他

为什么说“德即是才，德胜于才”？因为教育本身就是一种感染和熏陶，是一种传承，是一种对他人的成就。这需要为师者有“十年树木，百年树人”的奉献精神和利他精神。真正能做大事的人必定胸襟广阔，懂得成就别人就是成就自己的道理。在学校里，这种德是最大的才，所谓“桃李不言，下自成蹊”。我曾在平和的中层干部培训中提过：“两军相逢勇者胜，勇者相逢智者胜，智者相逢仁者胜。”有智慧的人在一起，最终比拼的是谁更有仁爱之心及高尚的德行。

3. 教书也要育人，更要育己

以前我们说“教书育人”，今天我们讲“育人教书”，育人比教书更重要。李希贵校长说，孩子永远不会成为你希望的样子，他们只会成为你的样子。因此，育人先育己，做好自己就是最好的教育。陶行知先生说“学高为师，身正为范”。养成终身学习的习惯，严格规范自身的言行举止，才是真正的育人。

二、诚意正心，永葆初心，养性修心

1. 三纲领，八条目

《大学》开篇即提出“大学之道”在“明明德”“亲民”“止于至善”这三个纲领，后面又提出“格物”“致知”“诚意”“正心”“修身”“齐家”“治国”“平天下”八个条目。我们发现，很多事情最后的结果不好，是因为一开始的动心起念就出了问题，这叫心术不正。教育管理者要秉持三个原则，即与人为善、助人为乐、成人之美。对人对事，我们都要诚意正心，时刻反省自己。

2. 亲贤臣，远小人

在《出师表》中，诸葛亮劝谏刘禅说：“亲贤臣，远小人，此先汉所以兴隆也；亲小人，远贤臣，此后汉所以倾颓也。”每一个组织内部都有关系圈，这些关系圈是同心圆，管理者在圆心，团队里的人散布在这些圈中，与管理者有亲疏远近之分。管理者亲近什么样的人，重用什么样的人，对团队文化影响巨大。对那些处于最里层关系圈的团队成员，管理者更应严格要求。

3. 艰难处，修心时

王阳明说过一句话："越是艰难处，越是修心时。"王阳明的心学特别强调"事上练"，认为能力与自信是在一场又一场的胜仗中积累与提升的。我们在工作中会遇到很多困难，我们未来的人生走向取决于我们对待这些困难的态度——有人沮丧，有人畏缩，有人迎难而上，有人长啸当歌。我在一次演讲中引用过一句话："回头再看，所有的困难，都是奖赏。"那些软弱的人，得意忘形的人，犯低级错误的人，归根结底一句话，经历的磨难不够，吃过的苦头太少。

三、格局高远，行稳致远，悦近来远

1. 用师者王，用友者霸，用徒者亡

"用师者王，用友者霸，用徒者亡"这12个字是曾子所说。秦末楚汉争霸，刘邦出身一般，无一技之长，而项羽出身高贵，武艺高强。但最终刘邦一统天下，项羽自刎于乌江。为什么？刘邦依靠的就是识人用人，而且他用的人都足以做他的老师，正是"用师者王"。有些管理者喜欢用各方面的水平都不如自己的人，我只能说，他也挺累的，因为很多事他只能一肩扛。大境界才能有大胸怀，大格局才能有大作为。如果我们培养的人、使用的人未来超过我们，比我们的成就更大，那是我们的荣耀。

2. 但行好事，莫问前程

"但行好事，莫问前程"这句话出自《增广贤文》，它也解释了什么叫行稳致远。教育是静待花开的事业，我们所有的努力与付出，都应该不求回报。有些人情绪失控，暴跳如雷，关键还是功利心在作祟，他们认为自己付出了那么多，别人怎么一点儿也不能体谅？成长有规律，种子既埋下，必有花开时，只是不一定开在当下。坚持做正

确的事，做时间的朋友，是初心，也是使命。如果未来能开花结果，那是学生的悟性与造化。

3. 做好手头事，善待眼前人

晏殊有一首词《浣溪沙——一向年光有限身》，下阕为“满目山河空念远，落花风雨更伤春。不如怜取眼前人。”《论语》中记载：“叶公问政。子曰：‘近者说（悦），远者来。’”《韩非子》对这一段的记载是：“叶公子高问政于仲尼。仲尼曰：‘政在悦近而来远。’”“悦近来远”的意思是，我们让近处的人高兴了，远处的人自然会来投奔我们。因此，我们要珍惜手头的机会与工作，善待身边的每一个人。

四、结语

教育管理者要常读古文经典，尤其是古代圣贤的家训，不仅可以提升自己，也可以在做部门培训时直接引用。我试举几例。

《曾国藩诫子书》：“自修之道，莫难于养心；养心之难，又在慎独。”

《颜氏家训》：“夜觉晓非，今悔昨失。”

《王阳明家训》：“能下人，是有志；能容人，是大器。”

《朱子家训》：“因事相争，焉知非我之不是？须平心暗想。”

校长如何为中层干部赋能

这个世界上有很多事似是而非，例如，演讲与发言看起来差不多，实际是两回事。

类似的误区有很多，电视剧与电影也是一例。从前我以为它们是同一类艺术，后来听专业人士说差别大着呢。拍电视剧，核心人物是编剧；拍电影，核心人物是导演。这应了那句话："外行看热闹，内行看门道。"

前两天我乘坐出租车，发现司机在听单田芳老师的《明英烈》。我和司机兴致勃勃地聊起单田芳老师的作品。随着老一代说书人的相继离世，年轻一代对于传统评书可能越来越陌生。看书不是更快吗？为什么已经知道结果了，还是听得那么津津有味？嘿嘿，听别人说书与自己读书可是完全不同的体验。

很长一段时间以来，线上教育如火如荼，有人认为实体学校会受冲击，结果呢？线上教育泡沫翻涌，实体学校岿然不动。传统学校教育的价值被很多人忽视了。

我们参加会议，如果只是发言，写篇稿子照着读就可以了；但如果是演讲，就得脱稿。发言和听众无关，演讲却要和听众连接；发言是传递信息，演讲却是给听众赋能。

一、领导优于管理

宋神宗时期，王安石与司马光就变法在皇帝面前公开辩论，谈到国家财政吃紧时，王安石说："善理财者，不加赋而国用足。"司马光当即反驳。他认为，天底下的财富总额就这么多，不在民则在官。当年汉武帝穷兵黩武，把文景之治积累下的财富花光了，后来听了桑弘羊的建议，实行紧俏物品国家专卖，财政便有钱打仗了，但老百姓却贫困潦倒。

后来有人赞赏王安石，说他很可能由现代穿越回去，否则他怎么会知道在现代工业社会，一个国家的财富总额可以大幅增加，国家和老百姓都可以很有钱？现代商业力量的源头是分工协作，因为分工协作，生产效率得到极大提升，带来财富的增加。

我们不要怪司马光反对变法，在历史上，他是一个十分了不起的人，所著《资治通鉴》光耀千秋，他只是脱离不了时代的局限性而已。在农业社会，财富总额确实很难增加。

很多年前，我曾听一位学校中层干部评价学校的管理。他说，管理管理，既要管，也要理。目前，学校管得多，理得少，因此要更重视理。

"管理"这个词是外来语，英文是manage，其词根是拉丁词manus，意思是"手"。手的含义很丰富，既意味着主动动手做，又隐含着权力的意思。有人认为中文的"管理"一词来自"管仲之理"，因为现代管理的思想在《管子》一书中就有萌芽。现代人则倾向于将"管理"拆分为"管"与"理"，从而脱离其本意。语言文字可以影响思维，这是一个例子。

我更愿意用领导来代替管理。尤其是对于中层干部而言，领导优于管理。管理的概念有些封闭，领导就相对开放，两者的差别就如同司马光与王安石的分歧一样。

在管理学中，我们有领导力一词，却没有管理力的说法。领导者的眼光需要更多地向前、向上、向外，而不是向后、向下、向内，好的领导不是管和理，而是激励与赋能。

二、如何领导中层干部

优秀人才不是管出来的，而是“惯”出来的。“惯”需要领导力，这意味着校长要尊重每一位中层干部，认识到他们中的每一个人都与众不同。校长的领导力体现在帮助中层干部补短，鼓励他们扬长，在困境中给他们赋能，在顺境中帮助他们成长。

1. 升级认知能力

每个人心中都有一张认知地图，我们常常用这张认知地图来解释遇到的各类现象与问题。同样面对半杯水，有人悲观，有人乐观，这就是不同认知地图导致的结果。有些人路见不平，拔刀相助；有些人事不关己，高高挂起。有些人谈虎色变，讳疾忌医；有些人不耻下问，闻过则喜。有些人刚愎自用，执迷不悟；有些人宠辱不惊，去留无意。认知地图的不同决定了一个人领导力的高低。

我曾在 2018 年平和的一次中层干部例会上，提出世界上的事可分为五类，分别是恶事、烂事、平凡事、重要事以及非常事。人生苦短，我们决不能做恶事，要远离烂事，要尽量将平凡事做得高效，然后集中精力做重要事与非常事。

所谓“非常事”，指的是短期无益甚至有害而长期有大益之事。这种事，普通人要么看不到，要么看到了做不到，只有非常厉害的人才能克服短期利益的诱惑坚持去做，所谓“众人皆醉我独醒”“咬定青山不放松”。

2019 年 7 月，一位 28 岁的年轻人的遽然离世让人悲痛而惋惜。他叫高至凡，是厦门六中的一名音乐教师。高至凡在厦门六中带了一个合唱团，这本来是一项“至凡”的工作，但却最终被做成了一件“非常事”。高至凡带领的厦门六中合唱团以无伴奏的阿卡贝拉闻名全国，经典曲目包括《稻香》《送别》等。高至凡是“夜空中最亮的那颗星”。

2019 年 6 月，山西省朔州市的一位青年地理教师兰会云克服重重阻力，带着 11 名高三毕业生骑车 1800 余公里，历时 17 天，最终顺利到达目的地上海。这又是一件冲击人心灵的“非常事”，一时感动无数人。

苏轼的一首词在我的脑海中浮现：“江山如画，一时多少豪杰。”这样的豪杰人物，究竟有着怎样的认知地图？

“认知地图”由美国行为主义学派的心理学家爱德华·托尔曼（Edward Tolman）在 20 世纪提出，指人的大脑在过去经验的基础上产生的某些类似于一张现场地图的模型。我的一位朋友做事常常另辟蹊径，我问他原因，他说他有一个认知：如果他走到岔路口，眼前有两条路，一条路有很多人走，一条路很少有人走甚至没有人走，他通常都会选择后者。那一刻我对他肃然起敬，我知道他的认知地图清晰且与众不同。这位朋友事业很成功，却保持初心，生活简朴，淡泊名利。

中层干部要获得成长需要提升认知能力，这里有两个要点。

第一，完善自我的认知地图。对自身的长处、短板要有清晰的认知。我的价值观、信念、身份认同是什么？我有没有反思过自己的思维方式？底层假设是否坚实，逻辑是否靠谱？这是“知己”。

第二，识别他人的认知地图。分析身边人的长处与短板，分析其言语行为背后的信仰及价值观，理解他们的思维逻辑。这是“知彼”。

在学校工作实践中，打造学习型组织是我作为校长的一项核心工作。中层干部的成长需要环境，需要土壤。我们要做的事情包括以下几个方面。

①成立教师发展中心，未来的目标是将它打造成教师发展学院。

②提倡“工作即研修，生活即学习”的理念，打造“身边的商学院”，创设教师研修学分制体系及校内教师职称体系。

③努力使教师培训个性化，加大投入，注重实效，重视身边的榜样。

④管理去中心化，降低管理重心，充分授权，培养教师的归属感与主人翁意识。

⑤提出学生与教师双中心的理念，强调管理为学生与教师服务。

⑥鼓励自下而上的创新，慎用自上而下的权威。

⑦重视教师的幸福感，开设各类教师发展俱乐部。

2. 构建协作文化

华为技术有限公司（以下简称“华为”）有三条极具前瞻性的企业经营理念：

①做大蛋糕、做大产业、做大市场，比做大自己的份额更加重要。

②管理合作比管理竞争更重要。

③利益分享。

华为CEO任正非在一次采访中说，华为赚了很多钱，但坚持不降价。因为一旦降价，很多小品牌就会死掉，华为要给他们留活路。任正非将像诺基亚公司这样的竞争对手称为友商，友商是灯塔，不能倒。华为的理念不是打败诺基亚公司这样的竞争对手，而是大家合作共赢，把市场做大做强。正是因为专注于合作而非竞争，打造共同发展的生态场，利益共享，华为才变得强大。

现代商业社会能不断创造财富，秘诀就在于分工协作。因为分工，每个人做自己擅长的事，做精做细，做到极致；因为协作，涓涓细流汇成汪洋大海，生产效率得到极大提升，生产力得到极大发展，社会总财富才会不断增加。

组织中的每一个人都各有长短，组织的力量要大于个体力量的叠加，秘诀也在于分工协作。试想，如果团队中的每一名成员都将其长处贡献出来，那么，这个团队将是极为强大的。

中层干部的管理能力与领导力能否提升，取决于他们对协作的理解。部门间沟通是协作，团队内的管理也是协作。没有一个人是完美的，在一个重视协作的团队里，每个人都能更好地发挥自身价值。

1996 年，上海信和房产物业发展有限公司和上海市建平中学两家机构联合创办了一所学校，校名从双方的名字中各取一个字，这就是平和。2006 年建校十周年时，我将平和二字诠释为“平而不庸，和而不同”。做了校长之后，我致力于构建“平而不庸，和而不同”的校园文化，主要包括以下几点。

①成立学校文化交流中心，运营品牌，提炼内涵。

②唯才是举，求贤若渴，“不拘一格降人才”。

③用人用其长，使各类专才能够扬长避短。

④以德为先，强调师德，对突破底线者零容忍。

⑤提倡平等、民主，珍惜提出不同意见的人。

⑥鼓励创新、反思、迭代，将创新作为制定部门工作计划的常规性要求。

⑦开放办学，走出去办分校不是简单地复制，而是创造多样性。

3. 开拓成长空间

不少管理者信奉“胡萝卜加大棒”的策略，他们认为，管理是为了达成目标的控制。胡萝卜是利诱，大棒是威吓，两者都利用了人性的弱点。美国管理学大师彼得·德鲁克（Peter Drucker）完全不认同这种价值观。

德鲁克认为，企业当然要追求成功，但是这种成功必须有意义。所谓“有意义”，就是为社会创造了价值，让社会变得更美好。

企业管理的目标是让员工实现自我价值，这才是一名管理者领导力的体现。

德鲁克说，领导力就是把一个人的视野提升到更高的境界，把一个人的成就提升到更高的标准，锤炼其人格，使之突破通常的局限，把他的潜力、持续创新的能力开发出来，让他做出他自己以前想都不敢想的那种成就。

我一直认为，学校是成就人的地方，不仅要成就学生，也要成就教师，成就中层干部。

校长通常都是从中层干部提拔起来的，有自己擅长的本职工作，当了校长之后，常常会犯一个错误：对于自己熟悉的工作，“一竿子插到底”，手里拿着一个锤子，看什么都是钉子。

我做校长有一个原则：中层干部能做好的事情，我一定放手；中层干部不能做好的事情，我帮助他们做；中层干部不能做的事情，才是我的主要工作。

因此，校长要思考的应该是向前、向上、向外拓展空间，而不是向后、向下、向内实施控制。“不在其位，不谋其政”，校长应当为中层干部创造更大的平台，这也是一种分工协作，这才是校长的领导力。

具体而言，我主要关注以下几件事。

①提出学校的目标与愿景，做战略决策。

②做学校外围的沟通协调，为学校发展争取各方面的资源。

③在学校内部充分授权，用人不疑，在中层干部遇到困难时及时提供指导与帮助。

④根据情况对学校的管理架构进行调整，并把各种人才安排在能发挥其长处的岗位上。

⑤推动成立教育集团，让具备能力的中层干部担任分校校长，打通上升通道。

⑥内部提拔与外部引进并行，优先考虑内部提拔。

⑦有计划地开展一些大型活动，培养中层干部“打硬仗”的能力。

三、结语

“幸福的家庭都是相似的，不幸的家庭各有各的不幸。”这是小说《安娜·卡列尼娜》的开篇语。我在这里套用一下：高超的管理都是相似的，低劣的管理各有各的低劣。

老子说：“大道至简。”杜威说：“教育即生长。”其实，管理也是生长。世界的本质是生长，万物生长。然而，生长也是一种循环，基业少有长青。一个大企业的老板曾发出这样的感慨：“十个人的团队，领导者冲锋在前；一百人的团队，领导者选贤任能；一千人的团队，领导者运筹帷幄；一万人的团队，领导者听天由命。”

因此，领导力永远是一门学问，领导者永远在路上。

和学校中层干部谈管理

一入管理深似海。

管理之海无边无际，多少人做了一辈子管理，以为已经登堂入室，颇有一番心得体会，实际上看到的只是海市蜃楼，连门在哪里都没有摸到。

商场如战场，我们常常把管理者带团队比喻为将领带兵打仗。有人孤军深入，有人坚守不出；有人贪功冒进，有人畏惧不前；有人身先士卒，有人临阵脱逃；有人胸有韬略，有人勇冠三军；有人召之即来，来之能战；有人畏首畏尾，屡战屡败……

最近我读了一些跟管理有关的书和文章，其中有三篇文章及两本书让我感触颇深。

一、名将是怎样炼成的

第一篇文章的作者是当年明月，他在《明朝那些事儿（第 1 部）》里，专门用一个章节总结了名将所要经历的六个坎坷，他称之为六个年级。

一年级的内容是理论。这没啥可说的，极个别天赋异禀者可直接跳级进入二年级。

二年级的内容是实战。所有名将都身经百战，空有理论经不起实战检验的，叫作纸上谈兵。管理也一样，真正的管理大师，往往非管理学科班出身。

三年级的内容是冷酷。“义不行贾，慈不掌兵”，这是古人留给我们的金玉良言。军队讲究赏罚分明，管理亦是如此。“当断不断，反受其乱”，为了更大的目标，管理者必须坚忍，必须冷酷。

四年级的内容是理智。过了冷酷这一关，才可以谈理智。人有两个天生的弱点，一个是恐惧，一个是贪婪。克服了这两点，方可称理智。

五年级的内容是判断。我观察大部分普通管理者都停留在四年级升不上去，能跨过五年级者屈指可数。“判断”两个字说说容易，做起来何其难也。识人用人靠判断，杀伐决断靠判断。若判断失误，会直接把团队带到坑里去，若是在战场上，就会导致全军覆没。

六年级的内容是坚强。当年明月为什么把坚强作为六年级的标准？他在文章中说，一个将领总会打败仗，有时候一场败仗会死成千上万人，好多人很可能是将领的老乡，这些人投奔他，指望跟着他享受荣华富贵，如今全村缟素，他该如何面对他们的家人？当年项羽跑到乌江边不肯过江东，原因之一就是他觉得无颜见江东父老。他不够坚强。如果渡过乌江，他日能否东山再起尚未可知。

在非战争领域，我所理解的坚强是一种坚韧和决心。俗话说，“不怕贼偷，只怕贼惦记”。一只老鼠若被猫发现并且盯上，基本上会大祸临头。如果你遇到一个对手，他的目标就是打败你，他只要不死，分分秒秒惦记着这件事，你慌不慌？

当年明月的本职工作是公务员，他在业余时间里研究历史，《明朝那些事儿》让他一举成名。在我看来，当年明月的厉害之处不仅仅在于文笔好、语言幽默，更在于他的洞察力。朱元璋打了无数场胜仗，手下名将如云，方才取得天下。明朝开国故事讲到此处，当年明月却宕开一笔，总结名将的特征。而这些特征不仅适用于战场，也适用于其他领域。

我们可以对照一下，看看自己停留在哪个年级，还有哪些课需要补。

二、成大事者，必须经历的三次跃升

第二篇文章是《成大事者，必须经历的三次跃升》，来自著名管理专家刘润。

刘润认为，成大事者都要经历三次跃升。这三次跃升分别是从个人贡献者，到人员管理者；从人员管理者，到团队领导者；从单点成功，到全面开花。

第一次跃升，指的是一个人因为工作出色而被提拔为管理者。古人学而优则仕，今人干而优则官。自己做得好，不代表管人管得好，因此需要能力升级。刘润提出四个能力升级，分别是责任升级，从对任务负责到对目标负责；沟通升级，从用自己的手，到用别人的脑；关系升级，与下属的关系，从伙伴变为战友；自我升级，从小我的满足，到大我的成就。

第二次跃升，指的是因为所负责的部门工作出色，而被提拔为公司的管理者。刘润形容这是从将才到帅才。将才需要考虑的，是如何赢下一场战役，而帅才要做的，则是做好战略部署。我当年读《三国演义》时一直没搞明白，司马懿打不过诸葛亮，大多数时候坚守不出，偶尔出来打，十战倒输了九战，为什么最后诸葛亮“出师未捷身先死”？后来我终于想明白了，蜀国正统论的思想让我们忽略了真正的帅才——司马懿。刘润认为第二次跃升需完成两个能力升级。第一个是战略升级，从把事情做对，到做对的事情。第二个是影响力升级，管理团队的工具从赏罚力变为影响力。

很多人不明白什么叫影响力，其实影响力是领导力的核心。若你手无寸铁，身无分文，但一呼百应，很多人心甘情愿跟你走，你便具有极大的影响力和真正的领导力。

第三次跃升，指的是一家公司成功之后，开始自我复制，仍旧能成功。刘润说，这次跃升，是从依靠经验、努力、热情、鞠躬尽瘁，变为依靠系统。一家公司成功可能有运气的成分，再开一家也能成功，那就是模式的成功，靠的是实力。

极少有人说自己成功不靠运气，但我们还是可以把运气这一因素的影响降到最低。这里最关键的地方，按照刘润的说法，是提炼出可复制的能力内核。这个能力内核刘润没细说，各个行业不同，大致来说，除了技术方面的优势外，主要是系统思维能力。至于系统思维能力到底是什么，刘润在另一篇文章《系统思维，是一种救命大智慧》中说“不要用个位的管理对抗千位的时代”。若我们以自我为中心，我们便处于个位；若我们跳出自我，站到高处，就可能看清十位、百位直到千位。看到千位上的变化，就是系统思维。

《成大事者，必须经历的三次跃升》给管理者指明了方向。我们可以对照看一看，自己在做管理的路上经历了几次跃升，又存在哪些能力短板。

三、管理百年

“现代管理理念是工业革命之后的产物，20 世纪取得快速发展，其发展方向由人类的思想观念所决定。”这是美国记者、管理史专家斯图尔特·克雷纳（Stuart Crainer）的观点，他在著作《管理百年》中回顾了西方发达国家在 20 世纪的管理实践。

美国管理学大师弗雷德里克·泰勒（Frederick Taylor）被誉为“科学管理之父”。当年，他发现工人太懒散，于是拿着秒表进车间，计算每个工序的时长，然后计件算工资。企业的生产成本立马下降一半。

福特汽车公司的创始人亨利·福特（Henry Ford）把泰勒的思想

往前推进了一大步。他精心设计大规模生产线，用泰勒的方法严格管理工人，通过严谨的调试，最终使劳动生产率比同行高了10倍。福特T型车在20世纪20年代雄霸天下，牛到什么程度？地球上将近一半的汽车是T型车。

然而，福特汽车公司最辉煌的时期不过二十多年，其根本缺陷在于，泰勒的思想追求效率至上而忽略了人。福特汽车生产线上最理想的工人如泰勒所说：愚笨迟钝，心智如牛。今天，最迟钝的管理者也会明白，这样的管理理念行不通了。

打败福特汽车公司的是通用汽车公司。通用汽车公司的总裁阿尔弗雷德·斯隆（Alfred Sloan）以组织为研究重心，开创了公司的事业部制，确立了分权经营与集中政策控制相结合的组织模式，大获成功。

下一个重要人物是乔治·梅奥（George Mayo）。如果说泰勒发现了工作，福特发现了大规模应用的工作，斯隆组织了工作，那么梅奥则发现了人。梅奥在美国芝加哥郊外的霍桑工厂所开展的实验被称为霍桑实验。从此，员工再也不被看成机器，管理学开始闪耀人性的光辉。

第二次世界大战之后，日本公司崛起，一个秘诀是质量控制，另一个秘诀是管理中的社会人文主义。例如，人家知道日本企业极少开除员工，员工很有归属感，一辈子服务于一家企业是常态。这种企业文化一度让人推崇不已。

IBM公司在1956年推出第一台大型计算机，沃森父子把自由人文主义引入公司。IBM公司的三个基本信念是充分为员工个人考虑，多花时间让客户满意，竭尽全力把事情做对。我们是不是能从中看到“员工第一，客户第二”的影子？

到了19世纪60年代，美国社会财富大幅增加，社会进入以消费为主导的时代，于是营销理论开始流行。著名的4P营销理论横空出世，“4P”包括产品（product）、价格（price）、渠道（place）和推广（promotion）。这个理论后来又生出很多复杂的变化。作为经济增长的三驾马车之一，消费是永恒的话题。

随着人本主义理论的兴起，诸多知名学者开始关注企业中的员工激励，最著名的当属人际关系学派的三驾马车。其中，美国社会心理学家亚伯拉罕·马斯洛（Abraham Maslow）提出需求层次理论，美国管理理论家弗雷德里克·赫茨伯格（Frederick Herzberg）提出双因素激励理论，美国行为科学家道格拉斯·麦格雷戈（Douglas McGregor）则提出 X 理论和 Y 理论。

接下来，德鲁克横空出世，开创了战略管理的全盛时期。德鲁克于 2005 年 11 月 11 日去世，四年之后，在他的逝世纪念日诞生了中国线上消费的奇迹。

进入 20 世纪 80 年代，日本的管理理论又一次被关注。日本管理学家大前研一在《战略家的思想》一书中阐述日本的战略思考艺术时说，它“基本上就是创造力、直觉和理性”。此时许多企业开始思考四个关键领域的事情：竞争力、客户服务、人力资源管理和领导。

1981 年，杰克·韦尔奇（Jack Welch）就任通用电气公司首席执行官兼董事长。到 1997 年，通用电气公司的总资产从 200 亿美元上升至 3040 亿美元，总收入从 272.4 亿美元涨至 908.4 亿美元，员工总数从 44 万人减至 27 万人，公司市值全球第一。同时期崛起的还有日本丰田公司和美国戴尔公司。他们各有不同的故事，也有各自的管理理论，成功就是王道。

21 世纪第一位重要的管理理论大师是圣吉，他在《第五项修炼：学习型组织的艺术与实践》一书中提出学习型组织的概念。世界上厉害的企业有苹果公司、亚马逊公司以及特斯拉等。中国公司开始崭露头角，任正非等企业家登上世界舞台，中国企业家必将在世界管理理论史上留下印迹。

未来管理学将去向何方？无人知晓。我们唯有记住克雷纳的一句话：管理没有最终的答案，只有永恒的追问。

四、关于工作的 9 个谎言

进入 21 世纪之后，管理学理论又有了新发展，我们来看看一些最新观点。

《关于工作的 9 大谎言》2019 年在美国首次出版。我是在“得到”APP 的专栏“精英日课”中听万维钢老师解读的这本书。对有经验的管理者来说，这本书值得一读，读完后你心中的许多传统管理理念会受到很大冲击。

很多传统管理者认为，管理管理，就是要管得住，理得顺。这种观点放在以前可能适用，但现在就不好说了。《关于工作的 9 大谎言》的作者认为，现代企业的各种管理办法，与其说是为了提高工作效率和增加企业效益，不如说是为了方便高层“管”员工。然而现在的员工，其实是“管”不住的。

网上有一个段子：

“60 后”：“什么是离职？”

“70 后”：“为什么要离职？”

“80 后”：“收入不高就离职。”

“90 后”：“领导骂我就离职。”

“95 后”：“感觉不爽就离职。”

“00 后”：“领导不听话我就离职。”

在“95 后”与“00 后”大规模进入职场后，管理理念一定会发生变化。贯穿《关于工作的 9 大谎言》一书的是员工的个性化成长和公司的体制化压迫之间的矛盾。

《关于工作的 9 大谎言》认为，当今职场上有 9 大谎言十分流行：①人们在乎为哪家公司工作；②最好的计划能取胜；③最好的公司自上而下贯彻目标；④最好的人才是通才；⑤人们需要反馈；⑥人们可以可靠地评价其他人；⑦人都有潜能；⑧保持工作与生活的平衡最重要；⑨领导力是一样东西。

与这 9 大谎言对应的有 9 个真相，我简单做一下解读。

第一，团队比公司更重要。

在一个大公司里，不同部门的人可能互不相识，真正对员工产生影响的是小团队。一个大公司中不同部门、不同团队内部的文化氛围可能迥异，在一个平庸的公司里你也可能遇到很棒的团队，反之亦然。

第二，情报比计划更重要。

以作战计划为例，局部战场形势多变，基层指挥官必须有决策的权力。同样，要发挥基层员工的积极性，就要向他们提供信息与情报，让他们做决策，而不是简单地提供计划，让他们执行。

第三，意义比目标更重要。

20 世纪的公司强调自上而下，21 世纪的公司强调自下而上。《爆裂：未来社会的 9 大生存原则》一书提到的第一个原则就是“涌现优于权威”。当一个组织贯彻的不是目标而是意义时，自下而上的涌现便会出现。

第四，专才比通才更重要。

这个世界上的顶尖高手一定不是通才，而是专才。改变世界的一定是专才，遇到专才时我们要尽心呵护。

第五，关注比反馈更重要。

梅奥的霍桑实验揭示的就是这个道理，只要被关注，人的状态就会发生变化。一个项目小组成为实验对象后，这个小组中便会有一些积极的事情发生。原因无他，受关注尔。很多人喜欢发朋友圈，也是在求关注。

第六，人们只能可靠地评估自己而非他人的体验。

对人的评价是世界性难题。所有的评价都是一个能力模型，你可以依据这个模型对人的能力与表现进行量化打分。若你招聘了一个新员工，你可以依靠这个模型对这个员工的未来职业成就进行预测吗？不能。你能预测哪一位新手教师未来能成为教育家，哪一个新秀球员未来能成为巨星吗？不能。状元成为庸才的例子并不鲜见。所以人们只能可靠地评估自己而非他人的体验。

第七，每个人都有动能而不是潜能。

当我们用各种指标量化评价一个人时，我们会说这个人在这方面有潜能，另一个人在那方面有潜能。但人是一个整体，所有的特质都有内在关联。我们生活在同一片蓝天下，却生活在不同的世界里。管理要解决的一个核心问题是激励，我们希望每一位员工都呈现出咬定青山不放松的状态。若一个人被充分激励，像是一辆动能十足的坦克，一约既定，万山难阻，还有什么潜能激发不出来？

第八，好之者不如乐之者。

如果一个人问“生活与工作如何平衡”，那么他必定不享受工作。工作与生活无法平衡，如果工作是受累，那么生活也必定是受累。对享受工作的人来说，工作就是生活，天天加班也甘之如饴。

第九，领导力就是让别人追随。

领导力不是一样东西，它不可测量，不可复制，它与每一个活生生的个体紧密地结合在一起。在一个人身上叫果断决绝，在另一个人身上也许就是刚愎自用；在一个人身上叫沉鱼落雁，在另一个人身上也许就是东施效颦。领导力不是自上而下的权威，而是由内而外的影响力。在一个不确定的世界里，人人都追求确定性。领导力就是一种确定性。不知道如何抉择？去追随有领导力的人吧。

五、正确型人才与优异型人才

万维钢老师有时也写随笔，《正确型人才与优异型人才》就是其中非常精彩的一篇。

万维钢老师把人才分为两类：正确型人才与优异型人才。正确型人才把事情做对，优异型人才把事情做好；正确型人才有模板，优异型人才无标准；正确型人才像礼仪小姐，优异型人才如网红明星；正确型人才补短板，优异型人才扬长处；正确型人才讲套路，优异型人才讲发挥；正确型人才讲稳定、讲专业、讲标准，优异型人才讲风险、讲创新、讲艺术；正确型人才是“管”出来的，优异型人才是“惯”出来的。

一个团队既需要正确型人才，也需要优异型人才。正确型人才易得，优异型人才难求。正确型人才决定下限，优异型人才决定上限。

管理的难度在于，在不同的时期，管理者在面对不同时代出生的员工时，需要秉持不同的管理理念；在同一个时期，同一个公司里有正确型员工与优异型员工，管理者需要使用不同的管理方式；管理者常常不能选择团队，遇见什么样的员工纯靠缘分。

平和哪个部门为学校贡献的管理人才最多？初中部。按照刘润老师的理论，初中部的管理者出现了大规模的跃升。初中部做对了一件事：他们的管理更加开放与包容，使优异型人才有更多的成长空间。优异型人才更容易犯错，甚至犯低级错误，若用管理正确型人才的方式管理优异型人才，无异于是对他们的扼杀。

我们还可以反思自己：我是正确型人才还是优异型人才？在哪些方面我是正确型人才，在哪些方面我是优异型人才？管理学博大精深，我们应当有这样的心态：身为管理者，我们很渺小，要心怀敬畏与感恩。

六、结语

做管理不能停留在舒适区，要不断试探伸展区与恐慌区的边界。无论是对战略目标的设定，还是对优异型人才的使用，我们都要像赛车手一样，追求极致的速度，有一点点失控的感觉，同时，牢牢地把握方向盘。

中层干部如何提升执行力

2020年12月的一天，平和教育集团的领导去青浦平和双语学校开会。在路上，办公室的叶蓓静老师接到一个电话。她告诉我们，我们和别人合作的一个项目遇到了困难。我们在车上就这个问题展开了讨论，很快理清头绪，提出了一些解决方案。几周之后，这个问题被圆满解决了。

返校之后，我一直在思考这个问题。在工作遇到阻力时，有些人能很快调整并继续推进，有些人却偃旗息鼓，最终无奈放弃。问题出在哪里？

我认为问题出在执行力上。什么是执行力？执行力就是，上级给你定了一个目标，你坚决完成，不提任何条件，不讲任何困难。

一些中层干部听到领导讲执行力会觉得反感，觉得领导只会给下属提要求，殊不知领导面临的挑战更大。人们常说，三分战略，七分执行，意思是领导负责战略，下属负责执行。若企业或组织的战略出现失误，错失战机、误入歧途乃至南辕北辙，结果将是一场灾难。更何况，领导通常都是因为在中层干部的岗位上执行力出色才被提拔的，当然会要求下属提升执行力。

我曾在军队里待过。军队是最强调执行力的地方。下属对接收到的指令有一个不变的原则：理解，要执行；不理解，在执行中理解。

理想的中层干部应该是这样的：召之即来，来之能战，战之能胜，胜而不骄。

为什么有些部门的执行力不佳？我觉得他们可能缺乏勇、智、仁这三个品质中的一个。

有一次，我跟一个部门开会，我直接对负责人说："你想完成这个目标的愿望不够强烈。如果足够强烈，你会想尽各种办法来完成。"这位负责人缺乏一个品质——勇。

被我批评之后，这位负责人有了动力，积极行动起来，跟其他部门沟通的时候攻击性十足，却不能换位思考，还动辄搬出领导来压人一头，引起同僚的反感。此时她更需要提升另一个品质——智。

我们的团队里不乏才华横溢、战功卓著的小伙伴，他们勇气十足，思维敏捷，做事情却常常碰壁。那是因为他们忽略了第三个品质——仁。

要提升执行力，必须同时具备勇、智、仁这三个品质。

一、两军相逢勇者胜

要提升执行力，必须具备的第一个品质是勇，两军相逢勇者胜。

历史上的勇士不胜枚举，张飞是一个典型。

《三国演义》里曹操追击刘备至长坂坡，张飞单人独骑据守当阳桥。面对曹操麾下精锐，张飞非但不惧，反而大吼："吾乃燕人张翼德也，谁敢与我决一死战！"这一吼，不但桥应声而断，曹操部将夏侯杰肝胆碎裂，坠马而亡。

遇到极大的挑战时，不是怯懦，而是兴奋；不是畏缩，而是坚定；想到的不是困难与失败，而是荣耀与使命。这就是"勇"。孟子说："虽千万人，吾往矣。"孟子真乃勇士也！

"勇"有三个层面，分别是冲冠一怒、亮剑精神与内在勇气。

1. 冲冠一怒

平和的一位老师说过一件事。他小时候特别勇猛，打架从不退缩。有一次他到乡下亲戚家，见到一条恶狗向他逼近。他瞬间生出万夫不当之勇，对那只恶狗大吼一声："咬死你。"整个人表情狰狞，杀气腾腾，那条恶狗马上就怂了，灰溜溜地跑开了。

《战国策》中有一个著名的典故。小国安陵国派出使者唐雎出使秦国。唐雎拿出不要命的姿态，对秦王说："若士必怒，伏尸二人，流血五步，天下缟素，今日是也。"说完他挺剑而起。秦王大惊失色，直接认怂，说："先生坐，先生坐，何必如此呢？有话好好说嘛。"

如果我们碰到一个与我们争夺同一个目标的对手，他不惜以命相搏，如同电影《东成西就》中的一句台词："你一定要弄死我，要不然我就弄死你。"这样的对手，你怕不怕？

网友给今何在所著《悟空传》中的经典语句做过一个改编：

"大圣，此去欲何？"

"踏南天，碎灵霄。"

"若一去不归……"

"便一去不归！"

我们在谈执行力的时候一定要问自己："你尽力了没有？"如果我们不能"杀死"这件事情，这件事情就会"杀死"我们。我们能不能凭借求生的本能奋力一搏？

被人批评后内心感到羞耻与愤怒，这是好事。古人云"知耻而后勇"。羞耻与愤怒往往能转化为不竭的动力，让你看起来像是一个勇士。

2. 亮剑精神

朱熹说："小勇，血气所为；大勇，义理所发。"冲冠一怒是小勇，亮剑精神是大勇。

在电视剧《亮剑》中，李云龙说："面对强大的对手时，明知不敌，我们也要毅然亮剑，即使倒下，也要成为一座山，一道岭！"

当我们与苦难及任务等狭路相逢、没有退路之时，就得学习这种亮剑精神。古人云："舍得一身剐，敢把皇帝拉下马。"为了理想与信念而把个人荣誉得失乃至生死置之度外的团队，是很难被战胜的。

在中国竞技体育项目中，有一支球队通过一代又一代球员的努力赢得了全国人民的尊重。这支球队就是中国女排，她们是亮剑精神的极佳诠释者。

女排精神是一种意志品质，是一种理想信念，其本质是坚韧与坚持。有很多次，中国女排的对手看起来更强大，但经过紧张激烈的拉锯战，最后的获胜方还是中国女排。有一场比赛让我印象特别深刻，中国女排以 3∶2 逆转取胜，每一局的分差都是两分。在这样的比赛中，每一分都至关重要，中国女排能够获胜，除了技术过硬之外，强大的心理素质也发挥了巨大作用。

我理解的女排精神是一种永不放弃的精神力量：我永远比对方多坚持一分钟，最终对手顶不住了，溃不成军，我却稳如泰山，坚如磐石。

3. 内在勇气

在我看来，一个人最大的勇气是对自我进行剖析，是深刻的自省乃至自我否定。

据《三国志》记载，关羽曾经被乱箭射中手臂，后来伤口虽然愈合，但每逢雨天仍会隐隐作痛。医生说箭头有毒，毒渗透到骨头里去了，关羽于是让医生割开手臂，刮去手臂上的毒素，而他则喝酒吃肉，大声谈笑，神态自若。今天我们用"刮骨疗毒"来形容一个人对自己进行深入灵魂深处的剖析。

平和提倡的"五自"精神其中有一条就是自省。自省非常难，有自省能力的人在面对挫折、失败、磨难、指责时，能够看到自己的不足，接受冷酷的现实，勇于承担责任，而不是辩解、推诿、埋怨乃至仇恨。

王阳明说，越是艰难处，越是修心时。人生就是修行，做事就是修心。

王阳明还有一句名言："破山中贼易，破心中贼难。"心魔像是一个幽灵，它忽明忽暗，时隐时现，专门挑选那些内心力量不足的人下手。

几年前，平和的中层干部集体学习过一本书《教学勇气：漫步教师心灵》。这本书的核心观点是，优秀的教学不能被降格为技术，优秀的教学源自教师的自我认同和自身完善。这个观点对中层干部也是适用的，中层干部需要经过彻底的心灵洗礼与艰苦的自我涅槃，才能战胜自我，超越自我。

二、勇者相逢智者胜

要提升执行力，必须具备的第二个品质是智，勇者相逢智者胜。

前文说到张飞在当阳桥以一己之力抵抗曹操的千军万马，有人可能会问，曹操手下的那些将领为什么不一拥而上呢？因为张飞并非有勇无谋之辈，而是粗中有细。他让跟着他的二十多个士兵在马尾巴上系上树枝，在离桥不远的树林后面来回奔跑，扬起了一片灰尘，从远处看树林里似乎隐藏了很多伏兵。

《曹刿论战》中说："一鼓作气，再而衰，三而竭。"我们在工作学习中同样付出努力，但总有一些人效率更高，效果更好；总有一些人能干成普通人干不成的事。他们善于动脑筋，想办法；他们站得高，看得远；他们思路开阔，判断精准；他们吃一堑，长一智；他们举一反三，见微知著。

一位伟人曾说过“战略上藐视敌人，战术上重视敌人”。战略上藐视，那是勇；战术上重视，那是智。

“智”有三个层面，分别是知己知彼、无边无形与若有若无。

1. 知己知彼

《孙子兵法·谋攻篇》说：“知彼知己，百战不殆；不知彼而知己，一胜一负；不知彼不知己，每战必殆。”因此，掌握足够的信息，知己知彼，就能做到“智”。

北宋文坛领袖欧阳修反对骈文，提倡古文。有一年他做主考官时读到一篇考生的文章，非常喜欢。他本打算将此考生录为第一名，转念一想，这种文风很可能出自弟子曾巩的手笔，于是降为第二名，等到揭晓之后才发现原来作者是苏轼。欧阳修问苏轼：“你在文章里提到的那个尧帝与皋陶的故事，是出自哪本书呀，我怎么不知道呢？”苏轼说：“这个故事是我编的，我猜他们会如此行事。”

欧阳修的厉害之处在于，他在某个领域的知识面是全覆盖的。偶然有一个典故他不知道，最后发现还是编的。到了这种境界，想不“智”都难。

我们平时做任何事情，应该像武侠小说里的高手，对方一出手，我们就知道他出自哪个门派，水平如何。要达到这个境界没有捷径，只能下苦功夫，学习、思考、实践，如此循环往复。就怕坐井观天，山中无老虎，猴子称大王；一无所知，还以为无所不知。

如果的确无法做到全知全觉，那就得依靠掌握的有限信息做出分析、判断乃至洞察，以尽可能掌握和还原事实及真相。

2. 无边无形

瞄准目标，不达目的誓不罢休，这是“勇”；找到实现目标的路径，这是“智”。把所有可能的路径都找出来，弄清楚每条路径的优劣长短及适合什么样的人，是谓“知己知彼”，我称之为“小智”；小智更进一步是“无边无形”，我称之为“中智”。

“无边无形”就是从有限到无限。实现目标的路径无穷无尽，有些我们一眼能看出来，有些则看不出来，需要想象力。

2020 年 11 月 27 日，一位美国的华人企业家在火灾中不幸去世。这位企业家叫谢家华，他创办了鞋类电商公司 Zappos。他对服务体验的追求，更甚于中国人所熟知的海底捞。

在 Zappos 公司成立之前，商家在网上卖鞋都不太成功。谢家华认为这是个机会，他想出一条路径。Zappos 公司自己建仓库自己做物流，提供免费送货、免费退货服务。Zappos 公司有一个著名的“三双鞋”理论：用户买一双鞋，会收到三双鞋，Zappos 公司会将相邻尺码的两双鞋一起寄过去，让用户选择最满意的，剩下的可以退回，运费由 Zappos 公司承担。用户若是在生日那天收到鞋，还会发现鞋里放着一枝玫瑰花。

谢家华从小就是对现状不满的人，他既有足够的“勇”来挑战现实世界，也有足够的“智”来想出新的商业模式。

马斯克更厉害，别人想象路径，他直接想象目标。他做纯电动车，做脑机接口，最近痴迷于把人类送上火星。他提出这些目标的时候，很多人都觉得他在吹牛。然而，如果评选当今世界推动社会进步的人，马斯克一定会当选。

当我们还在思考如何改良现有教育的时候，已经有人在想象未来社会、未来教育与未来学校。想象力丰富的人具备很高的智慧，他们应对问题的方式往往没有定法，而是如同水一样，无边无形，因地制“流”。

3. *若有若无*

很多人认为《三国演义》里最聪明的人物是诸葛亮，其实司马懿毫不逊色。诸葛亮北上伐魏，司马懿的策略用一个字来描述就是“拖”，用两个字来描述就是“避战”。两个人表面上是对手，实则惺惺相惜。马谡失街亭之后，司马懿大军向诸葛亮所在的西城掩杀过来。西城中只剩一些老弱残兵，诸葛亮于是摆出著名的空城计，“吓退了”魏军。

之所以将“吓退”打了引号，是因为司马懿知道这是一座空城，诸葛亮知道司马懿知道这是一座空城，司马懿知道诸葛亮知道他知道这是一座空城……

诸葛亮倾尽国力，六出祁山，他很清楚蜀国的国力与魏国相去甚远，根本打不赢，为什么还要打？因为当年刘备占领蜀地的口号就是“兴复汉室，还于旧都”，若不伐魏，蜀国政权的合法性便成疑。司马懿为什么需要诸葛亮活着？因为鸟尽弓藏，兔死狗烹。若没有诸葛亮，他司马懿就不会被重用，就会被夺了兵权，将来甚至身家性命难保。司马懿到底还是笑到了最后，他的孙子司马炎在他死后 15 年称帝，建立了晋朝。

司马懿和诸葛亮都是有“大智”之人。“大智”的表现是若有若无。现代物理学的开创者是爱因斯坦，他的“智”即便在科学家中都很突出。他刚刚提出广义相对论时，大部分物理学家都不理解。今天物理学的前沿是量子力学，量子的特征就是若有若无。

王阳明去世前说：“此心光明，亦复何言。”“此心光明”就是一个若有若无的概念，无法用言语解释。感知到这种“光明”的人，必定开了大智。

三、智者相逢仁者胜

要提升执行力，必须具备的第三个品质是仁，智者相逢仁者胜。

有一年我去华为总部，看到培训中心门口的大石头上刻着八个字

“小胜靠智，大胜靠德”。一个企业崇尚这样的理念，让人肃然起敬。

大胜靠德，并不是说“智”不重要。恰恰相反，没有“智”的德是无力的。但当一群“智”很高的人聚在一起时，大家拼的就不是“智”，而是“仁”或者“德”。

陶行知先生说“德高为师，身正为范”。教师是人类灵魂的工程师，当以“立德树人”为己任。

还是说回《三国演义》。《三国演义》以蜀国为正统，把刘备的形象塑造得十分正面，刘备凭什么能够跟曹操、孙权三分天下？靠的就是“仁德”二字。

“仁”也分三个层面，分别是德行配位、厚德载物与仁者无敌。

1. 德行配位

《周易·系辞下》有一段著名的话：“德不配位，必有灾殃；德薄而位尊，智小而谋大，力小而任重，鲜不及矣。”

古语说，“人怕出名猪怕壮”。猪长壮了就要挨宰，人出名了就受关注，受关注就会有各种流言蜚语。正所谓“树欲静而风不止”“木秀于林，风必摧之”。别人要攻击你，一定会先从道德品质方面下手。

著名媒体人罗振宇在一次演讲中分享了他的心路历程。他出名后，质疑与诋毁扑面而来，有人说他贩卖焦虑，有人送给他一顶“知识胶囊贩卖者”的帽子。罗振宇说他一开始也惶恐委屈，甚至愤怒，但是后来想通了，他遭受非议原因只有一个：德不配位。

他说：“我们这家公司和我这个人，无论是对社会的贡献，还是自己的能力，和自己现在所享有的知名度和影响力是不匹配的。”

这句话值得每一个人好好思考。芒格说，想得到一样东西的最好方法，就是让自己配得上它。如果你得到了一样东西，但是你不是因为自己的能力，而只是因为侥幸，你最终还是要失去它。

作为管理者，我们要让别人追随我们，不仅需要“勇”，需要

"智"，更需要"仁"。

2. 厚德载物

《周易》里最著名的一句话是"天行健，君子以自强不息；地势坤，君子以厚德载物"。

想象你自己是一艘大船。大船出发了，前途渺渺，道阻且长，但你依然热情满满，扬帆起航。靠的是什么？靠的是船的动力系统。这就是"勇"。

船在航行过程中需要经过无数的险滩与暗流，遇到各种狂风暴雨，你需要具备精湛的航海技术，否则就可能触礁搁浅或者迷失方向。这就是"智"。

因为航程遥远，所以船要带上足够的物资并聘请很多水手。郑和下西洋所打造的宝船是当时世界上最大的海船，长 151.18 米，宽 61.6 米。船有四层，船上 9 桅可挂 12 张帆，锚重有几千斤，要动用二百多人才能启航，一艘船可容纳上千人。也就是说，只要船足够大，即便遇上风浪也能保持平稳而不倾覆。船的吃水量就是"德"，厚德才能载物。"物"就是事，就是人生的远大目标。

想一想在管理过程中，面对别人的误解和批评，你是什么态度，你有没有怨恨？领导批评你执行力不足，下属当面顶撞你，你是什么反应？这些都是在考验你是否做到了厚德载物。

我曾把曾子的一句话送给一些中层干部："用师者王，用友者霸，用徒者亡。"你用的人是唯唯诺诺、拍你马屁，还是和你能力不相上下，或者能力超过你，却愿意帮助你？这决定了你作为一名管理者，结果是"亡""霸"还是"王"。

如果能做到德行配位，你就能把持住自己；如果能做到厚德载物，你就能领导好团队。

3. 仁者无敌

“仁者无敌”是孟子在劝诫梁惠王施行仁政时，所用的词汇。今天，很多管理大师对这句话做了更为清晰透彻的解读。

稻盛和夫成功之后不忘反哺，在繁忙的工作之余参加盛和塾学习会，带动年轻的中小企业经营者一起学习。“盛和”二字的意思是，企业之“盛”与人德之“和”要结合在一起。稻盛和夫尤其强调利他心，他说，所有成功都是利他心的福报。他曾对员工说，经营企业不能一味地谋取财富，其最终目的应该是在利人、利己的同时，竭尽全力为社会事业的发展做出贡献。

一个有作为的领导者一定是一个散发正能量的人，而且能量值很高。美国著名心理学家戴维·R. 霍金斯（David R. Hawkins）有一个流传很广的“能量等级”理论。他把人的能量等级确定在从 1 到 1000 范围之内，分 17 个量级，又以 200 为划分线把 17 个量级分为正能量级和负能量级。200 以上是正能量级，200 以下是负能量级。他认为，200 是勇气，250 是淡定，310 是主动，350 是宽容，400 是明智，500 是爱，540 是喜悦，600 是平和，700 至 1000 就是开悟的状态。

我们看一看，从低到高，是不是一步步由勇到智再到仁的过程？

四、如何提升执行力

提升“勇”有三条路径：壮胆、励志与笃信。

在战争年代，战士上战场前有条件的话都要喝一碗“壮行酒”。酒壮怂人胆，武松在景阳冈打虎之前也是喝了酒才上山的，他借着酒劲打死了猛虎。在我们做重要的事情之前，如果身边有高手或亲近的人助阵，也能起到壮胆的作用。

我以前读过一本书《世界上最伟大的推销员》，读完后热血沸腾。作者认为，每天一早醒来，我们都要自我励志，大声喊“我一定会成功”。每天坚持，就会产生不竭的勇气。另一种励志方式是从小立志，而且是立大志，如张载的“为天地立心，为生民立命，为往圣继绝学，为万世开太平”，那真是气势磅礴！

笃信是指把自己投身于一项伟大的事业，对这项事业怀有坚定的信仰。例如有些人坚持锻炼、有些人坚持吃素等，这种坚持带来的是一种精神上的愉悦，勇气内化为一种生活方式。

提升“智”也有三条路径：兼听、复盘与顿悟。

兼听则明，偏听则暗。相信一面之词必定难以做出正确的判断；尽可能掌握大量信息，从不同的角度来了解事情的真相，将各方信息相互印证，通常就能做出靠谱的判断与决策。

古人说，“吃一堑，长一智”。但是在“长一智”与“吃一堑”之间我们需要做一件事，那就是复盘。若不复盘，很可能在同样的地方摔倒多次，也不会增长智慧。

智慧的增长不是线性的，而是一种顿悟。有人突然某一天灵光一闪，如同黑暗之中出现一道闪电，就明白了一个道理。顿悟需要持续的学习、实践与思考。每一次顿悟都会带来智慧的升级。

提升“仁”也有三条路径：移情、行善与升华。

移情即有同理心。“己所不欲，勿施于人。”凡事推己及人，就会对其他人多一分理解，多一分宽容。

积善之家必有余庆。古人说：“人为善，福虽未至，祸已远离；人为恶，祸虽未至，福已远离。”坚持行善，坚持利他而不求回报，就会给自己带来福报。

行善久了，便可能产生一种人格的升华。别人与你相处时如沐春风，自己与他人都觉得满心喜悦。

勇、智、仁三者的关系是递进的。足够勇，能解决 80% 的问题；再加上智，能解决剩下的 19% 的问题。最后 1% 的难题，只有仁德之人方能化解。

五、结语：勇者不惧，智者不惑，仁者不忧

有一个人，像是赵子龙，浑身是胆；还有一个人，如同文天祥，视死如归。有一个人，粉身碎骨浑不怕；还有一个人，咬定青山不放松。他们都是“勇”士。

有一个人，运筹帷幄，决胜千里；还有一个人，无所不知，无所不通。有一个人，眉头一皱，计上心头；还有一个人，见微知著，睹始知终。他们都是“智”者。

有一个人，高山仰止，景行行止；还有一个人，如饮甘醇，如食美珍。有一个人，春风化雨，润物无声；还有一个人，高风亮节，玉洁冰清。他们都是“仁”人。

在武侠小说里，有些人招摇过市，气势张扬，那是“勇”；有些人藏而不露，目有精光，那是“智”；最厉害的人是心如止水，眉眼慈祥，那是“仁”。

孔子的弟子子贡问孔子什么是君子。子曰：“君子道者三，我无能焉：仁者不忧，知者不惑，勇者不惧。”子贡曰：“夫子自道也。”我翻译一下。孔子说：“君子得具备仁、智、勇这三个品格，而我一个都不具备呀。”子贡说：“老师说的君子就是他自己。”

古人说，小胜靠力，中胜靠智，大胜靠德。

今天，当我们遇到一个很大的挑战时，正确的态度应该是：先树立坚定的信念，相信一定会达成目标，办法总比困难多；制定实施方案时要用心用脑，借势借力，竭尽所能；而所有目标方法背后的初心都是利他，我们要一直思考别人为什么帮自己，自己这样做对别人有什么好处。做到这三点，你就是有执行力的高手。

教师的“五育并举”

我们小的时候，一个学生能获得的最高荣誉是“三好学生”。这评价的是哪三个方面？德、智、体。“德”是品德，通常指要学雷锋做好事，要助人为乐；“智”指学习成绩；“体”是体育。其中最重要的还是学习成绩。当时的情况是，只要学习成绩足够好，“德”与“体”稍逊一筹，也能评上“三好学生”；但若学习成绩平平，“德”与“体”再好，也难评上“三好学生”。在那个年代，学习成绩就是一切，一智遮百丑。

现在，时代发展了，观念进步了，“三好学生”成了过去式。我们强调素质教育，强调核心素养，我们试图改变以成绩来判断学生优劣的错误评价方式，我们尝试推进促进学生全面发展的素质教育。这个全面发展有一个前缀修饰，叫“德智体美劳”，也就是从之前的“三好”变成“五好”。这里的“美”是审美，“劳”指劳动。在未来相当长的时间内，这五个方面将会是我们评价学生的主要指标。

“德智体美劳”不仅是好学生应具备的素养，同样也是好教师应具备的素养。原因很简单：第一，未来的教师是由今天的学生成长而来的，我们现在培养什么样的学生，将来就会有什么样的教师；第二，一个教师不可能教给学生他自身不具备的东西，只有德智体美劳全面发展的教师，才能培养出具备这五个素养的学生。

也许有人会说，“弟子不必不如师，师不必贤于弟子”。教师的角色也可以是教练或引导者。但我认为，在中华文化中，好的教师整体而言还是要具备这五个素养，尤其是德智体这三个素养。

一、德

在中国传统文化中，教师最重要的素养无疑是“德”。“天行健，君子以自强不息；地势坤，君子以厚德载物。”明代以后，人们祭祀的对象依次为“天地君亲师”，因此有“一日为师，终身为父”的说法。尊师重教的基础是教师德高望重，值得尊重。

1. 德高为师

中国最好的师范大学之一北京师范大学的校训是“学为人师，行为世范”。这个校训强调的是教师应该成为学生的榜样，身教重于言传。教师的任务是教书育人，而育人更为重要。教书的目的乃是让学生成为一个品德高尚的人，若教师无德，焉能为师？

2. 君子人格

中国的儒家思想对教育影响极深，孔子被誉为“万世师表”，也就是后代所有教师的表率。《论语》中有一段话：“弟子入则孝，出则弟，谨而信，泛爱众，而亲仁。行有余力，则以学文。”孔子的意思是，知识的学习不是第一位的，提升自己的道德修养才最重要。

孔子的理想人格是君子，与君子相对应的是小人，小人指的是普通人。“君子成人之美，不成人之恶，小人反是。”“君子坦荡荡，小人长戚戚。”“君子怀德，小人怀土；君子怀刑，小人怀惠。”“君子求诸己，小人求诸人。”“君子和而不同，小人同而不和。”

儒家的另一本典籍《大学》里说：“古之欲明明德于天下者，先治其国；欲治其国者，先齐其家；欲齐其家者，先修其身；欲修其身者，先正其心；欲正其心者，先诚其意；欲诚其意者，先致其知；致知在格物。物格而后知至，知至而后意诚，意诚而后心正，心正而后身修，身修而后家齐，家齐而后国治，国治而后天下平。”《大学》自宋代始成为所有读书人的入门教材，由此，教育的目的就成了“修身齐家治国平天下”，其中第一步是修身。诸葛亮在《诫子书》中说：“静以修身，俭以养德。”西方教育走的是向外求的路径，目的是探索真理，探索世界，进而解释世界，改造世界；中国传统教育走的是向内求的路径，目的是修身齐家治国平天下，内圣外王。

3. 内圣外王

有些人不太理解，为什么德行高尚就能解决一切问题。儒家有一个模型，叫“内圣外王”，这是中国读书人的最高境界。其中，“内圣”就是内在的自我道德修炼，“外王”指的是治国平天下。内圣与外王是高度统一的，只有做好了内圣，才能做到外王。真正做到“内圣外王”的，就成了圣人。

要成为圣人，必须做到“三不朽”，也就是立德、立功、立言。王阳明完全做到了这三点，因此被后世崇拜。王阳明创立了心学，对日本的明治维新产生了很大的影响，在近现代日本，王阳明是很受崇拜的人物。最神奇的是，王阳明是读书人，后来机缘巧合被委派带兵打仗，竟然连战连捷。宁王朱宸濠造反，王阳明临危受命，运筹帷幄，一举平叛。这就是内圣的力量。

二、智

在中国古代，“德”一个字已经能解决所有问题了。到了现代，尤其是 1949 年之后，我国教育界提出德智体美劳全面发展的概念，“智”由此也成为中国教师的一个重要素养。

1.“知者乐水”

中国传统文化十分强调智。孔子说：“知者乐水，仁者乐山。知者动，仁者静；知者乐，仁者寿。”中国古代读书人特别喜爱山与水。孔子用水来比喻有智慧之人，因为水是流动的，比较灵活。

中国另一位思想家老子特别崇尚水的品格。他在《道德经》中说：“上善若水。水善利万物而不争，处众人之所恶，故几于道。”人类一直在追寻天地之道，而水是接近这个天地之道的。因此聪明人会喜爱水，并向水学习。

2. 知识渊博

中国传统文化中有一种“学霸崇拜”。在古代，学而优则仕，读书读得好的人可以去做官。“书中自有黄金屋，书中自有颜如玉。”科举考试殿试第一名被称为状元，状元是可以骑着高头大马，游街庆贺的。唐代诗人孟郊有两句诗：“春风得意马蹄疾，一日看尽长安花。”这句诗活灵活现地描绘了诗人高中之后的得意之情。

一直到今天，知识渊博的教师仍然非常受学生欢迎，而且会有天然的威信。那些读书时就经常考试得第一名的教师会成为学生的偶像，解题能力强的教师会收获学生崇拜的目光。

3. 智胜一筹

中国传统文化中也有崇拜聪明人的传统。诸葛亮是三国时期的人物，用现在的话来说，他是智囊。他善于使用各种计谋，帮助他的军队打胜仗。春秋战国时期的孙子写了一本《孙子兵法》，在西方也有很大的影响。

我国的中小学校普遍实行班主任制，班主任在学校管理中发挥着很大的作用。班主任要面对各种问题，对年轻教师来说，这是极大的挑战。我在十几年前写过一本书，叫作《班主任兵法》，这本书成为教育界的畅销书。书中有很多管理班级的小技巧、小方法，因此很受年轻班主任的欢迎。

三、体

教师职业是一种体力活，我知道有一些毕业班的教师尤其是班主任，早晨六点左右就从家里出发，晚上十点之后才到家。这对教师的体力提出了很高的要求。

1. 健康阳光

学生是未成年人，他们对学习的兴趣往往受教师的影响，常常因为喜欢一位教师而投入学习，因为厌恶一位教师而厌学。从这个角度来说，如果一位教师有好的体型与外貌，不仅能够轻易获得学生的喜爱，而且可能对学生更有影响力。

当然，外形是天生的，如果我们长相很普通，至少要保持健康阳光的形象。也许我们要时常照照镜子，训练一下自己，让自己更有亲和力。

2. 热情积极

我的一个学生告诉我，她能轻易看出来哪些老师是真的喜欢教师这个职业，而哪些老师只是将教师职业作为一个谋生的手段。对于后者，她建议说，还是尽早转行吧。

教师的热情往往能够激发学生的热情。稻盛和夫是王阳明心学的追随者，他把员工分为三种类型：自燃型、可燃型与不燃型。优秀教师一定是自燃型的，他们不仅能用自己的热情点燃学生，还能点燃家长与同事。

3. 坚韧勇敢

美国学者帕克·帕尔默（Parker Palmer）的著作《教学勇气：漫步教师心灵》在中国有很大影响，我十分认可其观点："优秀的教学不能被降格为技术，优秀的教学源自教师的自我认同和自我完善。”

在中国传统文化中，教师是一项忍辱负重的工作，教师似乎应默默奉献，甘为人梯。唐代诗人李商隐的两句诗经常被用来作为优秀教师的写照：“春蚕到死丝方尽，蜡炬成灰泪始干。”今天，我们的观念稍有改变：教师成就他人，但不必牺牲自己。名师出高徒，高徒也能成就名师；教师是同时成就自己与他人的职业。然而，教师内心的坚韧与勇敢，在任何时候都不会过时。

四、美

在中国，总体而言，教师是一个比较清苦的职业，收入不高。这些年，政府对教育的投入持续增加，教师的待遇也不断改善。在平和，教师的待遇已经相当不错，以至于能够吸引一些其他行业中的优秀人才前来应聘。

审美是一种基于经济基础的需求。中国古人说：“仓廪实而知礼节，衣食足而知荣辱。”平和的家长给学生报的大部分课外兴趣班并不是传统的语数英学科，而是艺术与体育。平和是一所民办学校，学生的家境普遍不错，超过一半的学生都有艺术方面的特长。平和教育集团旗下的一所小学，更是将美学课程作为学校的校本课程，对教师的审美能力提出了很高的要求。在这所小学，教师如果在着装方面不注意，甚至会被批评。

五、劳

中国长期以来都是农业社会，即便近年来城镇化建设如火如荼，但是到 2017 年底，中国城镇户籍人口占全国总人口的比重依然只有 42%，超过一半的人口户籍依然在农村。中国古代有一句成语“四体不勤，五谷不分”，形容读书人不劳动，脱离实际。

今天，我们批评一些教师的教学脱离实际，因为他们只是为了应付考试，与真实生活相差很远。好的教育，应当基于真实生活中的场景，教学生学以致用。

六、结语

有人问：如何培养优秀教师？

我认为，优秀教师不是培养出来的，而是他们本来就具备优秀的潜质。我们与其关心如何培养优秀教师，还不如思考如何让最优秀的人才去做教师。

中国是一个农业大国，自古以来，文盲率很高。教师是知识分子，是人群中的优秀群体。教师的社会地位较高，既有文化因素，也与教师的自身素质较高密切相关。正是因为这些优秀知识分子的存在，中华文明才得以弦歌不辍，薪火相传。改革开放以来，中华民族再一次融入世界发展的大潮之中。为中华民族伟大复兴培养人才，让中国成为一个受人尊敬的负责任的大国，是我们这一代教育者的使命。

与时俱进的德育

我曾经在网络上读到一段文字，读后沉默许久：

昨天我在一个餐厅吃饭，邻座的一位女士大声斥责儿童椅上的儿子，责怪他不吃什么食物。我的一个朋友说，最看不起这种当众骂孩子的人，这种人必是生活中的失败者，才会如此羞辱比自己弱小的人，以求得心理满足。

我说："大多数自傲者，骨子里其实都特别自卑，大概在童年时没少受人羞辱，长大后便有极强的名誉洁癖，得理不饶人，恨不得自己的名字天天被人念叨和崇拜！你沉默也不行，他要逼着你当众认可他、服从他。"

德育本质上是帮助孩子成长为现代社会的合格公民。然而人性太复杂，孩子身上的品质，哪些来自家庭，哪些来自社会，我们常常难以区分。而在心理工作者看来，普通教育者眼中的品质问题大多是心理问题。

我尝试从社会与个体、公德与私德、因时与因势三个维度来谈我对于德育的理解，以及德育未来的走向。

一、社会与个体

马克思说过，人的本质不是单个人所固有的抽象物，在其现实性上，它是一切社会关系的总和。

上中学时我对这句话很不理解，只能囫囵吞枣，死记硬背。多年之后，我再读这句话，心中五味杂陈。我们认识的每一个人，都在工作、家庭及社会中扮演着不同的角色，所有的角色叠加起来，就构成了一个完整的人。人是生活在所有社会关系中的。如果不跟这个社会发生关系，这个人就等同于不存在。

王阳明与朋友同游时朋友指着岩中花树问道："天下无心外之物，如此花树在深山中自开自落，于我心亦何相关？"王阳明回答："你未看此花时，此花与汝心同归于寂；你来看此花时，则此花颜色一时明白起来，便知此花不在你心外。"

这便是王阳明所倡导的"心外无物"。

德育有两大功能：一个是社会性，一个是个体性。中国传统文化将德育的社会性功能放在首位。例如，儒家经典书籍《大学》开篇就讲修身、齐家、治国、平天下的道理，特别注重培养孩子从小立志。类似的古语很多。

陈胜："燕雀安知鸿鹄之志哉！"

曹操："老骥伏枥，志在千里；烈士暮年，壮心不已。"

诸葛亮："志当存高远。"

张载："为天地立心，为生民立命，为往圣继绝学，为万世开太平。"

范仲淹："先天下之忧而忧，后天下之乐而乐。"

蒲松龄："有志者，事竟成，破釜沉舟，百二秦关终属楚；苦心人，天不负，卧薪尝胆，三千越甲可吞吴。"

周恩来有名言："为中华之崛起而读书。"毛泽东有词云："问苍茫大地，谁主沉浮？"

中国传统文化也特别重视德育的个体性功能。儒家推崇“仁义礼智信，温良恭俭让”。“仁义礼智”出自《孟子·告子上》，后来董仲舒提倡“罢黜百家，独尊儒术”，加入“信”。“温良恭俭让”出自《论语·学而》，孔子的弟子子贡用温和、善良、恭敬、俭朴、谦让五个词来描述孔子。

“仁义礼智信”被称为“五常”，“五常”通常与“三纲”联系在一起。“三纲”指的是“君为臣纲，父为子纲，夫为妻纲”。这就引出了儒家文化所强调的一个核心道德品质——忠孝。古代没有养老金制度，“孝”实际上解决了养老问题，“忠”则有利于维持王朝稳定，因此儒家的忠孝伦理自然就成为正统思想。其中“忠”代表社会性，“孝”代表个体性。若忠孝不能两全怎么办？舍小家，为大家。

东汉人赵苞在任辽西郡太守之后，派人回老家把老母和妻子接过来。不料鲜卑人将他们截获并作为人质，逼迫赵苞献城投降。赵苞忍痛率兵击溃敌军，老母与妻子却遇害。赵苞护送老母与妻子的灵柩回乡安葬，最后在墓前呕血而死。赵苞这一死，在道德上几近完人。

安史之乱爆发后，叛军势如破竹，连克长安、洛阳。危难之际，中原一个小城的县令张巡领兵抵抗，且战且退，最后据守睢阳，也就是今天的河南商丘。十几万叛军围城，张巡带着6000余唐兵拼死守城，坚守10个月后城破身亡。安史之乱平复后论功行赏，张巡理应被追封，竟然有人反对。

原来守城最艰难之时，粮草断绝，老鼠都被吃光了。张巡横下一条心，杀了自己的小妾，分与众将士吃，从此睢阳拉开人吃人的序幕。此事过于惨烈，后世议论不绝于耳。

张巡最终还是被追封为扬州大都督、邓国公。今天我们去商丘古城南门外，可以看到张巡祠。

后人臧否动动嘴皮子而已，却不知当局者的惊心动魄。若将你我换作张巡，该如何选择？

二、公德与私德

我们先看一道流传甚广的选择题。

你有一张选票，可以投给以下三名政客中的一个。

A：跟一些不诚实的政客有往来，会星象占卜学。有婚外情，是老烟枪，每天喝 8 到 10 杯马丁尼酒。

B：两次被解雇，大学时吸鸦片，每天睡到中午才起床，傍晚要喝很多威士忌。

C：是受勋的战争英雄，素食主义者，不抽烟，偶尔喝一点儿啤酒，从没有发生婚外情。

你会选择谁呢？我来揭晓一下这三个人分别是谁：A 是富兰克林·罗斯福（Franklin Roosevelt），B 是温斯顿·丘吉尔（Winston Churchill），C 是阿道夫·希特勒（Adolf Hitler）。

1902 年至 1906 年，梁启超用"中国之新民"的笔名在《新民丛报》上共发表 20 篇政论文章，1936 年集结成单行本《新民说》。在此书中，梁启超创造性地提出公德与私德的概念，并解释说："人人独善其身者谓之私德，人人相善其群者谓之公德。"后人对这一概念有更深入的研讨，公德与私德逐渐深入人心。

今天很多公众人物很害怕一个词——"人设崩塌"。"人设崩塌"通常指的是一个公众形象很好的人突然被曝出私德方面的瑕疵。公德优秀而私德糟糕的名人数不胜数。

明末清初的文坛领袖钱谦益算是一个。清军兵临南京城下时，钱谦益的妻子柳如是劝说钱谦益与她一起投水殉国，钱谦益哆哆嗦嗦来到河边，试了一下水，说："水太冷，不能下！"钱谦益高寿，苟活到 82 岁。

“什么是最好的教育？最好的教育就是无所作为的教育：学生看不到教育的发生，但教育却实实在在地影响着他们的心灵，帮助他们发挥了潜能，这才是天底下最好的教育。”说这段话的人叫让 - 雅克 · 卢梭（Jean-Jacques Rousseau），他是法国 18 世纪哲学家、教育家、文学家，启蒙运动的代表人物之一，所著《论人类不平等的起源和基础》《社会契约论》《爱弥儿》《忏悔录》等影响了一个时代。然而他的个人生活很混乱，还把 5 个孩子全部送进孤儿院。按中国人的说法，这与禽兽何异？

私德优秀而公德糟糕的人有没有呢？只多不少。因为个人品质卓越而被推举为领导者，但是行政管理能力极差，导致大众利益受损，这样的例子比比皆是，最著名的当属海瑞。

嘉靖皇帝死后，新皇帝隆庆帝重用海瑞，把他派到全国最富裕的苏州任巡抚，但仅仅 7 个月之后，海瑞就遭遇大量弹劾而被迫辞职。海瑞应该反思自己的行政治理能力，他将一些礼教伦理掺入行政管理中，例如，他判案时，“与其屈兄，宁屈其弟”“与其屈贫民，宁屈富民”“事在争产业，与其屈小民，宁屈乡宦”。可想而知，这样会造成多少偏颇，给地方经济带来多大伤害。

公元 1587 年年底，海瑞去世，主管人事的官员们松了口气，再也不用发愁怎么安排他的工作岗位了。时至今日，对海瑞的评价还是有争议的，他的私德、人品都很好，但治事却失于刚愎自用。

白居易有一首诗，其中有四句是这样的：

周公恐惧流言日，王莽谦恭未篡时。
向使当初身便死，一生真伪复谁知？

王莽在篡位前是全国老百姓心目中的圣人，所以白居易说，如果王莽篡位之前就死了，在历史上就是一个道德楷模。

同样，假使袁世凯在1915年称帝前暴病而亡，希特勒在1939年发动第二次世界大战前意外身死，这两人“一生真伪复谁知”？

三、因时与因势

在一种文化语境里，总有一些道德标准恒久不变。

2019年9月，第七届全国道德模范名单公布，其中包括14位助人为乐模范、8位见义勇为模范、11位诚实守信模范、19位敬业奉献模范和6位孝老爱亲模范。我们可以大胆预测，再过若干年，助人为乐、见义勇为、诚实守信、敬业奉献、孝老爱亲这五种品格依旧是道德标准。

然而，若跳出文化背景，或者当社会发生重大变化的时候，道德标准会因时、因势发生变化。

先说多动症。现代教育者认为这是一种病，需要治疗。美国作家托姆·哈特曼（Thom Hartmann）在其畅销书《多动症商业猎人》中却说，在采集狩猎社会，多动症反而是一种可贵的品质。多动症患者的特点是在极度涣散与极度专注两者之间切换，而几乎没有中间状态。在森林与草原上捕猎，恰恰就需要这两种品格。没有发现猎物时注意力很涣散，但无论哪里有风吹草动，注意力马上被吸引过去；一旦猎物出现，迅即全神贯注，精准判断，要么搏斗，要么逃跑。

再说好斗。现代社会提倡谦谦君子，但是在远古部落中，一个好斗的人很可能被推选为领袖。在战争年代，好斗被称为“勇敢”，而在和平年代，好斗的人可能会被称为“亡命之徒”。

最后说亲情。春秋战国时期，亲亲相隐是被儒家推崇的道德准则。若你的亲属犯法，你隐瞒无罪，告发有罪。今天完全反过来，隐瞒不仅失德，而且违法。

1988年，四川省15岁少年赖宁为救山火而牺牲，四川省人民政府批准他为“革命烈士”。然而，2004 年教育部修订《中小学生守则》，在第 4 条中新增了“珍爱生命，注意安全”的内容。显然，我们再也不鼓励中小学生在危险面前做无谓的牺牲。

在特殊的年代，一个考试交白卷的人能成为全国英雄。新世纪，一个长相俊俏、会唱会跳的小男生成为万千少年的偶像。不理解吗？那是长江后浪推前浪。

在中国漫长的农业社会里，“万般皆下品，唯有读书高”；1949 年之后，无产阶级翻身做主人，越贫穷、成分越好越光荣；抗美援朝时期，黄继光、杨根思的英雄形象深入人心；中苏交恶时期，“两弹一星”的科学家成为道德榜样；改革开放之后，伟大民族和平崛起，站在最高领奖台上的体育明星成为被热捧的对象，第一枚奥运金牌获得者许海峰永载史册，中国女排成为一种精神，聂卫平凭借在首届中日围棋擂台赛上的神奇表现“一战封神”。再往后，则是航天英雄杨利伟、诺贝尔文学奖获得者莫言及诺贝尔医学奖获得者屠呦呦等被人民牢记心中。最近的光辉人物是任正非，在中美贸易战中，他成为民族栋梁的代表。

四、现在与未来

立足现在，面向未来，教育者究竟应该培养学生哪些品质？

2017 年，赫拉利在接受北京一家媒体的采访时说，在人工智能时代，人必须坚守情商和韧性，才能赢得与机器的战争。

好莱坞大片常常输出美式价值观，这些价值观是美国人推崇的道德元素，包括爱与理解、追求自由、学习与成长、敏于行动、勇于牺牲、战胜自我等。

我曾经与上海金融界的一些高管聊天，听他们讲对未来人才的看法。有一个品质几乎所有高管都提到了，那便是独立思考。就好像原始社会需要人的多动属性一样，未来多变的社会更需要人具备独立思考能力。因为社会变化太快，无法依靠上一辈人的经验，人们只能自己想，自己试，自己创新，自己反思。

党的十八大报告提出 24 字的社会主义核心价值观。践行社会主义核心价值观的“新德育”，我们可以关注以下三点。

第一，导师与榜样。“近朱者赤，近墨者黑”，孩子们成长的环境很重要。在孩子们成长的过程中，两类人不可或缺：一是同龄人中的榜样，可能是邻居，可能是学长，也可能是娱乐明星；二是年长的导师，这个导师非学校指派，而是孩子们在心里认同、尊敬、崇拜的长者。

第二，自由与自律。只有在自由的环境里，孩子们才能真正展现出他们的品质。而现代人必备的素质——自律，需要在自由的环境里才能养成。学校教育如果不能给孩子创造自由的环境，那么当孩子未来拥有自由时，之前在学校里表现出的品质就会像浮沙建塔一般，潮水一来，就全垮了。

第三，感恩与担当。我更倾向于在孩子小的时候培养他们感恩与担当这两个品质。懂感恩的人往往谦卑，更愿意帮助他人，也更能得到他人的帮助，更有幸福感。有担当的人往往靠谱，更值得信任与依靠，因此是更好的团队成员，更容易取得成就。前者体现个体性，后者体现社会性；前者是私德，后者是公德。

五、结语

2019 年暑假的一天，我所住小区新换的门禁系统将我的车拒之门外，我因为赶时间，一时冲动，怒火中烧，痛斥保安。后来到物业沟通，保安经理态度温和，迅速解决了问题。我回想之前的情绪失控，内心惶恐，跟当值保安表达了歉意。事后心中不安，又买了两箱水果加以慰问，悔意犹存。

若我出言不逊的情景被记录下来，我便是私德败坏，百口莫辩。我反思自己是否属于骨子里既自傲又自卑之人，若道德有问题岂能做“人类灵魂的工程师”！

古往今来，没有道德上的完人，想来自知、自谦、自省才是真正的美德。人非圣贤，孰能无过，过而能改，善莫大焉。

教育，让生活更美好

2019 年，上市公司旷视科技遇到了一些麻烦。

这家以人脸识别起家的公司研发了一个视觉 AI 系统。据称，这个视觉 AI 系统能无死角巡航拍摄教室并自动拍摄人脸，以对学生上课时的行为进行分析。网络上流传的一张图片显示了学生举手、阅读、听讲、玩手机、趴桌子的次数，学生在教室里的一举一动都被实时记录在识别系统中。

这张照片在网络上引发了潮水一般的批评和质疑。学校不是应该让生活变得更美好吗？坐在布满摄像头的教室里，每一个动作都受到监控，没有隐私，不敢开小差，竭力装出一副学习很认真、听讲很专注的样子，学生会快乐吗？将心比心，我们自己愿意吗？

2010 年上海世界博览会的主题是“城市，让生活更美好”。城市如果不能让生活变得更美好，大家为什么都要到城市里来？大城市不是小城市的等比例放大，大城市中资源更多，机会更多，有着无可比拟的规模优势。城市化能够满足人民群众追求美好生活的愿望。而学校呢？如果学校不能让生活变得更美好，大家为什么要到学校里来读书？如果我们追问一个组织、一家企业、一所学校存在的意义，答案只能有一个，那就是让生活变得更美好。

一、民办学校的价值何在

作为一所民办学校的校长，我常常思考民办学校的意义和价值是什么。民办学校是社会主义教育事业的重要组成部分，同时，因为要面向市场，所以必须像企业一样去经营与管理。从微观的角度来说，民办学校存在的价值是生产产品，创造就业；从宏观的角度来说，民办学校有三个层面的价值。

第一个层面：满足需求。今天的社会十分多元，有人喜欢阳春白雪，有人喜欢下里巴人；有人认可国内传统的基础教育，有人认可国际教育理念。家长有不同的需求，而公办教育不能完全满足，因此，有着灵活机制、市场化意识更强的民办学校应运而生。

第二个层面：引导需求。家长常常是不理性且充满焦虑的，许多似是而非的理论在家长中颇有市场。民办学校的办学者要有定力，既要努力满足家长的需求，又不能一味满足家长的需求。换句话说，教育者要有价值追求，要体现自己的专业素养，不能被市场及家长牵着鼻子走。家长陷入狂热时，民办学校要端正办学思想，引导家长。

第三个层面：创造需求。德鲁克说，企业的宗旨只有一种恰当的定义，那就是创造顾客。很多时候顾客是没有远见的，而企业必须有远见。达到这个层面的都是伟大的企业，例如微软、苹果、亚马逊、华为等公司，这些企业影响了人类社会的发展，改变了人们的生活。还有一家企业我不得不提，那就是中国国家铁路集团有限公司。一开始很多人认为社会对高铁并没有那么大的需求，建高铁是浪费。但是今天，随着高铁的普及，城市间的距离被拉近，城市圈、城市一体化成为可能。这是一家企业的非凡意义之所在。一些小众的小微创新学校只要坚持下去，小溪便可能汇聚成大河。

二、内部服务外部

华为内部曾发生过一件事。研发员工集体声讨食堂的饭菜贵且难吃，华为轮值首席执行官徐直军在公司内部发了一篇文章《告研发员工书》，指责部分研发员工是“葛朗台式的人物”，并说部分为民请命的干部可以去帮厨三个月。任正非也做出批示“此文写得何等好哇”！最后还劝全体员工“不要把后勤部门作为宣泄的地方，确实不舒服要找心理咨询机构”。

华为倡导的是一种“狼性文化”，然而并非所有企业都是如此。我曾经拜访过谷歌中国，并在其内部食堂用餐，体验非常棒。谷歌的企业文化非常宽松、自由、人性化，员工甚至可以带孩子与宠物上班。谷歌长期高居全球企业最佳雇主榜，可谓实至名归。

今天，我们研究各类成功企业时会发现它们内部的企业文化大相径庭。有一家企业的负责人说自家企业成功的秘诀就是没有企业文化。很多人觉得困惑、不理解，我觉得若用德鲁克的理论来解释就很简单。企业的目的是创造顾客，企业的目标在外部，而不在内部。因此，内部管理是为外部目标服务的。不管黑猫白猫，只要能抓住老鼠，就是好猫。

明白了这一点，我们就知道，层级式管理也好，扁平式管理也好，去中心化管理也好，都不是企业内部管理的标准答案。企业内部的岗位分工，都是根据企业自身发展需要而设置的，企业的管理文化为企业目标服务，没有高低对错之分。

三、学校的主人是谁

著名经济学家张五常提出了影响很大的“纤夫合约”假说。他观察到旧社会长江三峡沿岸的纤夫会集体花钱雇佣一个监工，并允许监工用鞭子抽打出工不出力的纤夫。因为纤夫拉船是一种集体行为，如果有人偷懒不太容易被发现，这就对那些卖力拉船的纤夫不公平，进而影响整个团队的效率。这个例子比较极端，但对我们理解一个组织中各个岗位的角色任务还是有所帮助的。在学校里，站在家长的角度来看，最重要的管理者非班主任和学科教师莫属。孩子的成长常常决定了一个家庭的幸福，学校管理者应当帮助班主任与学科教师更好地工作，为社会提供更好的教育服务。

纤夫集体雇佣监工的例子一度让我震惊。我后来一直想一个问题：谁是企业的管理者？谁是学校的主人？有一天我想明白了，答案是所有人。管理不分高低贵贱，每个人都为组织的目标服务，各自在不同的岗位上为实现目标做出贡献。所谓“在其位谋其政，行其权尽其责”。各个岗位共同的目标就是创造客户。

教育应致力于让生活变得更美好。星移物换，沧海桑田，我们所做的事情到底是沧海一粟、昙花一现，还是“吹尽狂沙始到金”，历史会给出答案。历史一定会选择美好。

看见20年后的自己

一、两纪时光

2020年是平和创办24周年。12年是一个轮回，在中国古代，12年被称为一纪，24年就是两纪。1996年，我刚刚来到平和，成为一名教师，直至现在，那时的场景仍历历在目。看到在座的你们，我仿佛看到了当年的自己，你们看见台上的我，也可以思考20年后的自己会是什么样。

对刚踏入职场的青年教师来说，困难与困惑都不可避免，但我们还是要抬头向前看。前不久，我读到企业家张一鸣的一篇演讲稿，深受触动。张一鸣在过去10年里曾面试2000多位年轻人，他发现，刚刚走出校园的年轻毕业生在短短几年内，彼此间的发展天差地别。他以自己的工作经历为例，总结了能够让人快速成长的两个特性：全情投入、做事不设边界。基于此，他给年轻人提出了五个建议：第一，有好奇心，能够主动学习新事物、新知识和新技能；第二，对不确定性保持乐观；第三，不甘于平庸；第四，不傲娇，能延迟满足；第五，对重要的事情有判断力。

我读这篇文章的时候内心澎湃，感受到了来自内心深处的共振。在我个人的职业成长中，可以找出很多例子与文中的观点相佐证。

二、三次否定

这些年，我至少经历过三次大的自我否定。

大学我读了五年，因为有一年是军训。1996 年我毕业时，正好赶上了平和的创立，这一切也许都是冥冥之中注定的。那时我初出茅庐，难免心怀傲气，觉得自己作为名校毕业的高才生，教初中生、小学生岂不是小菜一碟？然而我很快发现，自己数学好不等于能把别人教好。最开始的几年，我的工作量很大，最多的时候一周上 30 节课，基本上一听到铃声就要进教室。班里有住宿生，我每天晚上都陪着他们上晚自习，陪着他们回寝室，一直待到熄灯帮他们把被子盖好。我同时还做一个初中班级的班主任，但这个班级我带得不好，班级完全处于失控的状态。作为班主任，我也极度缺乏威信，班级中的男生甚至拉帮结派，经常发生冲突。最终我被撤职。在那段日子里，我处于一种自我否定的状态，经常食不知味，彻夜难眠。

一年之后，我从郁闷中走出来。我写信给校长，主动请缨，要求再次担任班主任，从哪里跌倒就要从哪里爬起来。这次，我吸取了之前的经验教训，做班主任工作得心应手，不久就被任命为年级组长。我有坚持写教学日志的习惯，也喜欢将自己的感受在教育论坛上分享，这些心得与体会被出版社看中，我的第一本书《班主任兵法》得以出版。直至今日，这本书都是许多地方新班主任培训的必读书目。此后，我还入选了教育部的“国培计划”，成为首批班主任专家库成员，经常被邀请到全国各地上课。

就在这时，我迎来了第二次自我否定。我在全国各地做班主任培训，但讲课内容大同小异，甚至一个 PPT 可以讲一年。同时，学校领导也赏识我，提拔我做了中层干部，我不再负责班主任工作，将工作重心转移到了行政管理上。经过一番深思熟虑，我决定退出班主任培训领域，将工作重心聚焦在学校管理上，关注青年教师的职业发展和个人成长。这段时间，我出版了两本书《用服务的态度做教师》和《教师的五重境界》。2012 年，我前往美国考察学习，在波士顿与纽约待了一段时间，走访了一些学校，在波士顿大学与哈佛大学选修了两门课程。回来后，我突然被告知要负责高中部的管理工作。当时我对高中部的国际课程一无所知，这对我而言无疑是一个全新的挑战。如今回想起来，我很感谢当时的校长对我的栽培，如果没有在美国的考察学习，没有国际课程的管理经验，我根本无法胜任平和这样一所扎根本土、追求创新的十二年一贯制学校的管理工作。

于是，我迎来第三次自我否定。之前 16 年以中考为目标的教育经验被完全抛开，我一头扎进国际教育领域。我认真思考国际课程的设置与评价，研究国外大学如何选拔学生以及国外教育和中国教育之间的差异。这样过了几年，我在国际教育领域也有了一些发言权。2013 年我担任平和的校长之后，在校内开展各种改革创新的同时，也逐渐开始走出去办学，短短几年，平和便成为上海市有影响力的教育集团。

三、三条建议

从我的工作经验出发，我有三条建议送给青年教师。

第一条建议是关于自己和朋友。前段时间，我读到格力电器股份有限公司总裁董明珠的一段话，她给当代青年人提出了五个忠告：

①自己若不强大认识谁都没用。

②不是每顿饭都值得你去吃。

③不是所有的朋友都值得深交。

④低质量的社交不如高质量的独处。

⑤最好的人脉是你自己，你若盛开，清风自来。

实际上，这五个忠告都在说一件事：一切靠自己。你当然可以结交朋友，但最重要的是做好你自己。我的第一条建议有三个关键词：作为、反思、投资。

首先是“作为”。有一句话叫“有作为，才有地位”。我们每个人毕业后进入社会，都是一个人孤独地打拼。每个人都不容易，但社会却是残酷的，它不问过程，只看结果。就像我最开始做班主任时那样，即便我尽心尽责，但因为结果不理想，我依然会被劝退。

其次是“反思”。我在《班主任兵法》的自序中提到“要让反思成为一种习惯”。反思的作用在于明确自我认知，扬长避短。人生有三件事情——你擅长的事、你感兴趣的事和你必须做的事。如果能将这三件事统一起来，那么你的人生必将是圆满的。通过反思，人可以拥有清醒的自我认知。同时，作为教师，我们也应该帮助学生建立清晰的自我认知。

最后是“投资”。最好的投资是投资自己。我们在工作和生活中遇到困难时，正是自我投资的好时机。所谓“门槛”，跨过去就是门，跨不过去就是槛。回过头来看，所有的困难，都是奖赏。

第二条建议是关于理想和现实。平和高中部的张铁超老师在读研究生期间创办了上海久牵志愿者服务社，为上海的农民工子女提供各种教育培训，十几年如一日，坚持到了现在。他遇到过无数困难，却从来没有放弃。我曾经问他得不到认可会不会沮丧，他回答我：“总得有人去擦亮星星。”我们做任何事情，都要有一个理想。我的第二条建议也有三个关键词：目标、格局、理性。

首先是“目标”。初入职场的年轻人一定要有目标。我刚工作时，目标是成为全中国最好的数学老师。这个目标很高，不太可能实现，但我也不惭愧。目标就是应该高远，如果你的目标很轻易就能实现，那么你的人生成就会很有限。《西游记》中，唐僧师徒的目标是去西天取回真经，我们的人生就如同那句歌词所说的——“踏平坎坷，成大道，斗罢艰险，又出发……”

其次是“格局”。一个人的格局和胸怀，和他能做的事情相匹配。围棋中有一句术语：“弃小不顾者，有图大之心。”一个人如果斤斤计较，就不会有大的格局。我和团队的管理者一直强调一个词——厚德载物。我们每个人都像一艘船，我们的视野、格局有多大，我们的德行有多宽厚，我们就能承载多大的责任与事业。

最后是“理性”。有理想很重要，但是在工作的初期，我们更应该扎根现实，脚踏实地，关注细枝末节，展现出强大的执行力。从某些方面来看，这与格局似乎是矛盾的，一个能够高瞻远瞩的人往往容易忽视细节。所以，若你能够格局宏大的同时兼顾细节，胆大心细，必能成就一番事业。

第三条建议是关于方法和价值。年轻教师常常希望别人教他一个立马可用的方法。以前我做班主任培训时，有老师写纸条问我：“上课时有人趴着睡觉怎么办？”我和他讲，没有固定的方法，适合我的方法不一定适合你。你首先得了解这个孩子趴着睡觉的原因是什么。可能因为前一天熬夜，可能因为当天身体不舒服，可能因为被老师批评了内心有抵触情绪，可能因为父母最近老是吵架，也可能因为正在和最好的朋友闹矛盾。新手关注方法，高手关注价值。试想一下，若这个孩子有很严重的心理问题，你还当众斥责他，这不是雪上加霜吗？我的第三条建议也有三个关键词：战略、融合、判断。

首先是“战略”。方法与价值的关系，与战术与战略的关系类似。《三国演义》中，诸葛亮和司马懿对阵，基本上每一次都是诸葛亮赢，然而最终获胜的却是司马懿。如果不从价值层面来思考，我们打赢了每一场局部的战争，最终却可能输掉整场战役。教育者应该思考，这个孩子 10 年之后、20 年之后会是什么样。有些方法当下看有效，长远看错得离谱。

其次是“融合”。平和提倡“平而不庸，和而不同”的文化，因为每个人都与众不同，我们在一起就要求同存异。平和追求一种中西融合的教育，我们要学习国际教育中成功的元素，然后跟中国的基础教育融合起来，取长补短。这也是未来教育的方向。

最后是“判断”。在我看来，判断是一个人最重要的能力。我们每天都在做很多选择，选择的背后就是判断。一个人要做好判断，就不能以自我为中心，要想办法跳出来，站在更广阔的世界看自己。眼里有全局，才能判断得更准确。有人和你讲了一个观点后，你先不要急着判断，这时候你应该想一想关于这件事情，两个截然相反的极端的观点是什么。你要看看这个人的观点在两个极端观点之间处于什么位置。有了这样一种思路，你就能做出相对靠谱的判断。

四、三个品质

孔子说：“知者不惑，仁者不忧，勇者不惧。”什么是“仁”？不去改变不能改变的事情，叫“仁”。“仁者爱人”，你要爱身边的人，你能改变其他人吗？不能，你唯一能改变的是你自己。既然不能改变其他人，就要宽恕他们，所以叫“仁”。什么是“勇”？尽你所能，努力改变能够改变的事，叫“勇”。什么是“智”呢？正确地区分这两者，就是“智”。

在平和的师德建设学习中，我曾经说过三句话：行胜于言，德胜于才，质胜于华。这是“仁”。今天给大家的三个建议，主要是关于“智”。关于“勇”，网络上有这样一段话：“最好的情况就是等我们准备好了麻烦再来，可是世界上有那么好的事吗？没有，从来都是你没准备好，麻烦就来了。来了也没事，有问题解决问题，唯一该害怕的，就是失去解决问题的勇气。”

初心犹在，使命必达

明代学者袁了凡幼年丧父，遵母命学医，后来偶遇一孔姓老者。这位老者劝他读书走科举之路，并告知他后来的人生际遇，包括哪一年县考第几名，府考第几名，何时在何地做什么官，做多久，等等，最后 53 岁寿终正寝，惜命中无子。袁了凡听从其言，拜师读书之后，孔姓老者所言一一应验，分毫不差。袁了凡知天命有数，遂澹然无求。

各位，假如你有机会认识这样一位号称能算出你下半生命运的“高人”，请问，你想知道吗？

很多人会说，自己不相信怪力乱神。当然，想知道不代表相信，不想知道也不代表不相信。孔子说：“君子有三畏：畏天命，畏大人，畏圣人之言。”宇宙中的很多现象我们暂时不能理解，因此应当感天地之德，怀敬畏之心。未来的命运，我自己不想知道，也很佩服那些想知道的人，他们的内心足够强大。

2019 年 9 月，德国心理治疗大师伯特·海灵格（Bert Hellinger）去世，享年 94 岁。海灵格在临床心理治疗领域有深厚造诣，他独创了“家庭系统排列”，影响全世界。海灵格有一句话一直萦绕在我的心头：“生命的意义取决于个人如何应付早已被安排的际遇。”

人一生最大的际遇是什么？是死亡！知道了这一点，我们为什么还努力工作、努力生活？人生的归宿是死亡，那么人生的意义究竟是什么？我们必须经常问自己这个问题。

一、不忘初心

一个学习成绩比较差的男生跟班花表白。班花说："你考进班级前三名我就答应交往。"这个男生发奋学习，终于在期末考试中考到第三名。班花做好了准备，这个男生却没有表白。班花问他，他回答，谈恋爱影响学习。这个男生在学霸的道路上越走越远……

这个故事告诉我们一个道理：我们常常走得太远，而忘了为什么出发。

1. 本我与本质

奥地利心理学家西格蒙德·弗洛伊德（Sigmund Freud）在《自我与本我》一书中指出，人格由本我、自我、超我共同组成。其中，本我是最原始的部分，处于无意识状态；自我是理性部分，处于意识觉察到的范围；超我是自我的对立面，代表着一种较高的道德境界。

一个姑娘去相亲，看到小伙子后心动了，愿意交往下去。这可能有三个原因：第一，小伙子长得帅；第二，小伙子家里有钱；第三，小伙子有思想内涵。对应的分别是本我、自我、超我。

若同时满足本我、自我与超我，则无往而不利。

比如，如果我们要去卖一个楼盘，该如何吸引买家？房子是用来住的，若样板房很漂亮，本我会动心；楼盘的地理位置、交通、教育、周边环境、价格等，都是自我要考虑的因素；高明的销售广告通常在超我部分做文章，努力渲染一种氛围，似乎买了这里的房子就是买了一种情怀，就是选择了一种高雅的生活方式。

我 1996 年大学毕业后，被建平中学的原校长冯恩洪吸引来到平和。他说，平和不仅是安身立命的场所，更是实现人生价值的舞台。我们仔细分析一下：前一句针对自我，后一句针对超我。至于本我，当时学校为教师提供免费住宿，再加上工资待遇也很诱人，我直接就心动了。平和现在的很多骨干都是初创那几年招聘进校的年轻人。

在日常工作中，不忘初心更多地表现为一种对事物本质的洞察。平凡之人多被表象所惑，高明之士如同孙悟空一般有着火眼金睛。我举几个例子。

经济学家薛兆丰："经济的本质是短缺。"

计算机科学专家吴军博士："科技创新的本质是提升能源与信息利用的效率。"

北京大学第三医院危重医学科薄世宁博士："药是医学解决方案的物质载体。"

浙江大学软件学院系主任刘润："一切商业的起点是用户获益。商业的本质是交换。"

著名媒体人罗振宇："运气的本质，就是一个复杂系统孕育出的、超出已知经验的解决方案。"

波兰作家斯坦尼斯瓦夫·莱姆（Stanislaw Lem）在其科幻小说《索拉里斯星》中说："命名权的本质是占有欲。"

猎豹移动公司董事长傅盛："公司的本质不是收入，不是业务，不是产品，不是团队，而是基因、文化、精神、使命。"

傅盛的观点颇为震撼人心。我曾经在与中层干部商谈工作计划时说，条条大路通罗马，不同的领导会有不同的风格，重要的不是你拿出来的这份战略，而是你的团队是否认同。平和打开校门办学，总有一些年轻干部有顾虑，担心别人来了之后学了我们的东西，有一些资料不肯全部拿出来。他们不知道真正有价值的不是那些外显的东西，而是蕴藏在组织内部的基因、文化、精神、使命。

学校是提供教育服务的场所，学校的产品不是学生，而是课程，买单的是家长，客户是学生。课程的本质是什么？是学生校园生活的总和。学校里的一花一木、校园建筑、制度文化、师生关系、同伴友情等，都是重要的课程。2006 年平和 10 周年校庆期间，我提出"平而不庸，和而不同”八个字，很快获得广泛认同。2013 年我担任平和校长之后，围绕“平而不庸，和而不同”打造学校的校园文化。俗话说，养鱼先养水，对于领导者来说，水就是文化。

2018 年，朱理立来平和做书记后，打造了校园中的双鱼广场，我在广场的铭牌上写了一段话：

鸟瞰平和建筑，恰似双鱼戏水；
鱼戏莲叶间，海阔凭鱼跃。
平和如水，师生如鱼；
平和双语，水大鱼多。
子非鱼，安知鱼之乐？

今天，平和文化已经在校园里深深扎根，通过“故事墙”“平和人物”以及学校的各类课程浸入平和人的心灵。

2. 效果与效率

英国著名政治家和历史学家诺思科特·帕金森（Northcote Parkinson）在 1958 年出版了一本书《帕金森定律》。这本书产生了轰动性的效果，帕金森定律成为 20 世纪西方文化中的三大发现之一。帕金森定律亦被称为“官场病”或“大企业病”，其主要思想是，所有组织都会倾向于出现“金字塔上升”现象，即层级架构像金字塔一样不断增加，人员结构越来越臃肿，每个人越来越忙，组织效率却越来越低下。

帕金森说，不同的人做一件事情的时间可能天差地别，同一件事，有人一天都做不好，另一个人用上班途中的 5 分钟就完成了。为什么机构会越来越臃肿？帕金森在书中阐述说，一个不称职的官员可能有三条出路：第一是申请离职，把位子让给能干的人；第二是让一个能干的人来协助自己工作；第三是任用两个水平比自己更低的人当助手。这位不称职的官员会选择哪条路？当然是第三条。

帕金森定律描述的是一种大企业病。大企业就像我们中年人，常常已走得太远，而忘了为什么出发。

2012 年，我在毫无准备的情况下接手平和高中部，以副校长的身份兼任高中部主任。那时候，平和已经小有成就，但高中部的情况却不乐观。

平和高中部是 2002 年创办的，成立 10 年后，主打的 IBDP 课程依然只有 3 个年级 6 个班共 150 人左右的规模；生源一般，本校初中部的优秀学生大多不把直升高中作为第一选择，外校来报考的优秀学生也不多；高中部主任几年内换了三任，第三位于 2012 年辞职去国外读书；10 年间，其他学校相继创办 IBDP 课程，陆陆续续挖走了平和的许多创校元老，最离谱的是，某一年的 11 月份，三位教研组长集体辞职……

平和今天所取得的成绩是平和所有教职工共同努力的成果，但 2012 年高中部却处于风雨飘摇之中。之前的管理者不可谓不努力，但如果当时的状况延续至今，平和便没有今天的地位。

不管怎么说，大部分人看到的只是结果。人心惟危，世界很残酷。在《三国演义》中，诸葛亮委马谡以重任，马谡却失了街亭，诸葛亮只有自贬三级。我读历史时发现几千年来，只有四个字颠扑不破——成王败寇。

今天平和对教师的要求是看苦劳，更看功劳；有威信，还要亲和；会应试，也能进行素质教育。对管理者的要求是，不仅能说，还能做；不仅能做，还能做到位；不仅能做到位，还要未雨绸缪。

我希望我们的管理者不要急功近利，而要有大格局、大视野。有些表面文章，短期看有效果，长期看效率很低。效率是比效果更值得考量的因素，真正有成就的公司，一定拥有高效率。眼看他起高楼，眼看他宴宾客，眼看他楼塌了，本质上是因为效率不断降低。

这些年来我一直在思考：作为校长，我做什么才更有效率？2012年，我在中欧国际工商学院上课，教授问我们："如果你马上要离开现在的管理岗位，有人请你回忆一件最有成就感的事情，你会说什么？"

教授说，答案通常分为两类。一类关于事，比如盖了一栋楼，完成了一个项目等；一类关于人，比如发掘了几个人才，带出了一个团队等。教授解释，这是两种不同的管理风格。

这些话深深地影响了我。于是，我逐渐转变管理风格，把重心从完成事转为培养人。因为我认识到学校是一个培养人的地方，不仅要培养学生，还要培养教师。好的学校，是因为有大师，而不是有大楼。从2016年开始，平和开始向外拓展，每年开一所分校，每一所都很成功，管理团队并没有疲于应付，秘诀就在于对人才梯队的培养。

在儒家文化里，知识分子的最高境界是成为"三不朽"的圣人。所谓"三不朽"，即立德、立功、立言。因此，培养人比完成事要求更高，难度更大。因为要立功，必须得做事，而且得做大事。但是，不是做了大事就算人才培养成功，因为还要立德、立言。今天，平和管理团队里能做事、能演讲、注重个人修炼的人有很多，他们都能独当一面，能带兵，能打仗。如果有一天我离开平和，可以无愧地说，我最有成就感的事情就是带出了一个团队！

要提升效率，必须坚持做有意义的事。德鲁克说，世界上最没有效率的事情，就是以最高的效率去做一件根本不值得做的事情。

前段时间一年一度的诺贝尔奖揭晓。我看到一张照片，一位老科学家在电脑前得知自己获奖的消息后大吃一惊。诺贝尔奖无须申报，无须填表格，无须准备材料，听起来有点儿不可思议，但它却是全球最高效、最权威的奖项之一。

每一位管理者都要有担当精神，只要认准一件事情是对的，就要想尽一切办法，“不破楼兰终不还”。事急从权，如果你在一家大企业任职，决策流程往往很复杂，跟领导汇报很可能会贻误战机，此时管理者需当机立断，要有承担所有责任的勇气。孟子说：“虽千万人，吾往矣。”这是成大事者必须具备的精神和魄力！

3. 发明与发现

数学是被发明的，还是被发现的？

这个问题困扰科学家与哲学家很久，至今依然有争论。有人说，数学是被发明的，至少数学概念是这样。这一派的代表人物是爱因斯坦，德国数学家利奥波德·克罗内克（Leopold Kronecker）直言：“上天创造了整数，其余都是人做的工作。”

也有人说，数学是被发现的。否则，如何解释人类在地球上构建出的数学体系竟然全宇宙皆适用？这一派的代表人物是柏拉图。柏拉图的观点是：“理念是万物的本源，理念存在于人类的灵魂中，人类的正确目标就是要在自己的灵魂中发现理念。”

我们所理解和感知的世界，究竟是被我们的大脑加工的结果，还是真实的世界？数学的本质究竟是发明还是发现？因为人类的认知存在局限，宇宙、生命、意识等领域还有很多未解之谜。

管理学中有一个经典案例。一位教授上课时请学生对以下三家公司的前景进行评估：

① 8点上班，迟到要罚款；统一佩戴胸卡；每年1～4次旅游和比赛。

② 9点上班，不考勤；员工可以自己布置办公室；上班时间员工可以理发和游泳。

③ 想来就来，员工上班时可以带狗和孩子，上班时间度假不扣

工资。

90% 的学生认为第一家公司前景最好。

教授公布了公司信息：第一家公司已经倒闭，第二家公司是微软，第三家公司是谷歌。

白岩松说，一个公司在开始强调考勤、打卡的时候，可能就在走下坡路了！但这个案例不代表严格管理就是错的，华为、中国平安保险（集团）股份有限公司（下文简称“中国平安”）都是典型的强调“狼性文化”的企业，在《财富》杂志公布的 2019 年世界 500 强企业中，中国平安排名第 29，华为排名第 61。

组织管理的目标是在内部还是外部？如果是在内部，好的管理的原则是什么？在很长一段时间里，这个问题一直困扰着我。直到有一天，我读到德鲁克的文章。他说，企业的目标在外部，而不在内部；企业的目标只有一个，就是创造顾客。

那一刻，我豁然开朗，内部管理是为外部目标服务的。但是在实践中，许多人因循守旧，忘了初心。企业内部管理没有固定模式，一切都要根据外部目标做出调整。固守内部模式就会错失外部机遇。

我做校长后，坚持强调教育的目标是人的未来成长。人的一生很漫长，学生真正的人生从离开校园之后才开始。然而，今天学校教育的普遍现状是，学校教的东西将来可能没用，将来有用的东西学校可能不教，教师和家长还苦口婆心地对学生说，自己都是为了学生好。

孩子成长的过程就是一个试错的过程，在学校犯错的代价是最小的。因此，学校要鼓励学生尝试，学生犯错时要宽容，尽管这会给管理带来很大的挑战。但是，只要考虑到学校教育的最终成果体现为学生离开学校之后的成就，这一切就都是值得的。

在《40 岁，开始学做教育》的序言中，我写道：

也许有人不理解，为什么对教育者而言，四十岁才是出发点。我的理解正如孔子所说："四十不惑。"所谓"不惑"，并不是没有困惑，而是不再困惑。"惑"字的结构很能说明问题，上面是一个"或"，下面是一个"心"，因为这个世界有太多的或然，因此内心感到困惑。什么时候不再困惑？就是内心知道自己的选择，不会被外部的纷纷扰扰所左右时。而对选择所带来的可能性，也能够坦然接受，不后悔。

我在这本书里说，学校管理的三个层次分别是控制、激励与服务，这三个层次也同样适用于教育。因为面对的是儿童、少年，一小部分控制欲较强的家长以及中小学教师很容易陷入一种自以为是的坐井观天中去。著名心理学家武志红说，一个人在一个环境中越觉得自己有掌控感，他的控制欲就会越强，而在控制欲被破坏后，他的反应也会越强烈。

平和的管理更多地提倡服务，为学生服务，为教师服务。无论是实行校长午餐制度还是成立教师发展中心，无论是成立学生住宿管理委员会还是教师社团，平和的各项制度变革皆以学生与教师的成长为中心。学校的主人是谁？我们希望不是管理者，而是学生和教师。

数学是被发现还是被发明的？我的观点是，我们要充分肯定人类的创造性。人类是万物之灵，数学是被发明的。但是，如果考虑到在广阔的宇宙时空里，生命纯属偶然，人类何其渺小，我们还是谦卑一点儿地说，数学是被发现的。

二、牢记使命

在庆祝中华人民共和国成立70周年阅兵式上，最霸气的一句话是"东风快递，使命必达"。

《战国策》中有一篇经典文章《唐雎不辱使命》，讲的是战国时魏国的附庸国安陵国的使臣唐雎出使秦国的故事。秦王对唐雎说：“天子之怒，伏尸百万，流血千里。”唐雎回复说：“若士必怒，伏尸二人，流血五步，天下缟素，今日是也。”

使命必达，古有安陵唐雎，今有东风快递。

1. 发展与延展

发展就是硬道理。世界上没有绝对静止的事物，连宇宙与地球都有寿命，都在发展中。所谓“好汉不提当年勇”，其内涵是，过去的已过去，固守必是死路，发展与创新才是出路，硬着头皮也得往前冲。

美国莱斯大学管理学教授斯科特·索南沙因（Scott Sonenshein）写了一本书《延展：释放有限资源的无限潜能》，书中提出发展的两条路径，一条是追逐新资源，另一条是创造性地使用现有资源。

书的开头讲了一个故事。一位物理老师给一位学习刻苦的学生发了一个气压计，让他测量一栋大楼的高度。物理老师认为正确做法是比较楼顶的气压与楼底的气压，再使用物理公式计算出大楼高度。学生的答案创意十足，他给出了两个答案：一是在绳子的一端系上气压计，爬到楼顶后把气压计放下去直到触碰地面，再去测量绳子的长度；二是直接找到大楼管理员，把气压计送给他，请管理员告诉自己大楼的高度。

索南沙因说，达成目标的方法很可能就隐藏在你手头的资源里。大部分人热衷于向外找资源，横向追逐，然而垂直发力，将现有资源开发到极致也十分重要。这种深耕的做法，就叫作延展。

体育界的大牌教练分为两种。第一种教练直接列出一张名单，要求俱乐部聘请他所看重的球星，然后通过这些球星来实施他的战术，达到赢球的目标。第二种教练则充分挖掘现有球员的潜力，根据实际情况制定战术，同样达到赢球的目标。如果你是俱乐部老板，你会聘请哪一种教练?

答案可能取决于这个老板有没有钱，或者是否在乎钱。有钱选第一种，没钱选第二种。

20 年前，阿拉伯联合酋长国的迪拜还是一片沙漠，今天，迪拜已成为客流量排名全球靠前的空港和旅行目的地。迪拜是怎么做到的?一个词——砸钱。

2010 年以前，世界第一高楼是台北 101 大楼，高 508 米。哈利法塔则直接修到了 828 米，而且还保留了继续增高的可能。除了世界第一高楼，迪拜这些年还建造了世界第一大音乐喷泉、世界第一大机场、世界第一大花园等。迪拜创造了人类城市发展史上的奇迹。

然而迪拜的做法我们只能远观，毕竟大部分人不可能如此土豪。而且，若真的砸钱进去，也不一定能成功，花费巨资但战绩糟糕的俱乐部比比皆是。在这种情况下，学会做一个延展者可能是更明智的做法。

平和在发展过程中有过很多次资源短缺的困境。学校要缓解财务压力，就必须保证学生数量。实施融合课程后，学校对精细化、个性化教学的要求进一步提升，学校的硬件资源便更加紧张，教室、宿舍、餐厅爆满，会议室、机房、剧场、体育馆以及各种专用教室经常周转不开。

后来我们成立了资源配置中心，对学校资源进行统一管理，最大限度提升了学校各类设施的使用效率。

同时，我们还对学校管理架构进行了整合，除资源配置中心以外，将学校原有的一些行政部门整合成课程中心、教师发展中心、文化交流中心、膳食服务中心以及生活管理中心。将原来的五个学部整合为小学部、初中部、高中部三个学部，管理团队也进行了重新架构。管理架构的变革没有终点，随着时间的推移，我们还将不断变革，以不断提升效率。

平和现任校领导班子是一个团结友爱、能打硬仗的团队。我被任命为校长时，这个团队里的成员并非我选择的，都是组织配给我的。包括我在内，每个人都有缺点，我们一开始也经历过磨合，到现在仍经常碰撞。我要努力做的，就是不断加深对成长中的团队成员以及自身的认识，更好地分配任务，使团队的化学反应更充分，战斗力更强大。平和这几年的重大战略决策都是我们这个团队集体决策的结果，团队成员都曾经为了集体目标而做出过牺牲，奉献了力量。

若有资源，一定尽力争取，广结善缘；若没资源，就要拼命延展，自力更生。

2. 心法与算法

稻盛和夫的著作《心法》阐述了他的人生哲学。在中国文化里，心法指的是修身养性的方法。《尚书》说："人心惟危，道心惟微，惟精惟一，允执厥中。"相传，这是尧舜禹禅让时口口相传的心法。这句话成为儒家千年不变的"16 字心传"。

大家想象一个场景：在漆黑一片的夜里，你独自一人走在一条羊肠小道上，两边都是万丈悬崖。这条羊肠小道就是工作，就是人生，充满危险，而道路若有若无，忽隐忽现，你只能微弱地感知到它的存在。这就是"人心惟危，道心惟微"。在这种情况下，你还要赶路，怎么办？只能用功精深，用心专一，行事不偏不倚，符合中正之道。这就是"惟精惟一，允执厥中"。如此，你才能走得远，走得长。

在数学里，算法指的是计算方法。在计算机领域，算法指解决问题的策略机制。算法的概念后来被应用到其他领域，例如我们现在常说人生算法，人生算法就是人生策略，听上去比较符合人工智能时代的特征。爱因斯坦曾说："我想知道上天的构思，其余的都是细节。"构思就是算法，爱因斯坦想知道上天的算法。

心法与算法，一个是价值观，一个是方法论；一个是战略，一个是战术。

心法的核心是心智模式，或者说认知模式。我们每一个人都不仅仅是一个个肉体，更是一个个不同的移动的认知模式。我们或悲观，或乐观，或积极，或消极，或坚强，或柔软，或主动，或被动，不同的人对人生的看法千差万别。

我在平和工作的这些年，有些心法一直在坚持，试列举三个。

心法 1：人生要有大目标。“取法其上，得乎其中。”要么不做，要么就做到最好。

心法 2：吃亏就是占便宜。这句话倒不是精神胜利法，而是我认为，在一个更大的范围内，人生是公平的。今天吃亏，可能将来有一天会占便宜；今天占便宜，可能将来有一天会吃亏。德不配位，必有灾殃。

心法 3：投资自己最重要。这也是犹太人的智慧，别人拿得走的都不是真正的财富。我曾读过一些关于手相、面相、血型分析、风水等的书，有一天我读到一句话：“人心就是最大的风水。”这句话让我醍醐灌顶，明白“惟精惟一”才是正道。

算法的核心是构建模型。我曾在一次面向高中新生的演讲中提到飞轮效应的模型，飞轮效应本质上是一种系统思维。管理者需要有系统思维。

什么是系统思维？我来讲讲它的反面：一个叫线性思维，一个叫锯箭思维。

在简单的模型里，事物间是因果关系。一个人为什么没有成功？因为运气不好。为什么我总是受到不公平的对待？因为人善被人欺，马善被人骑。这就是一种线性思维。然而在复杂的系统里，你很难找到一个明确的因果关系来解释结果。

锯箭思维来自李宗吾的《厚黑学》。书中举例说，有人手臂中箭后，请外科医生治疗，医生把箭杆锯了就索要医药费。这人问医生为什么不把箭头取出，医生说，那是内科的事，应该去找内科医生。

锯箭思维的本质是头痛医头、脚痛医脚，对于复杂的系统来说，真正需要分析和思考的是系统内的反馈回路。正反馈导致系统改变，负反馈让系统保持稳定。如果能找到起主导作用的正反馈回路，组织的飞轮就会慢慢转动。

对一个复杂系统来说，有一件事被证明是起不了什么作用的，那就是一刀切。系统问题需要系统思维，平和发展的正反馈，得益于以下算法的实施。

第一，凝聚共识。共识是系统反馈回路中最重要的东西。2014 年开春，我们决定运营“平和教育”微信公众号，当时运营微信公众号的中小学非常少。有人问：“你们是要宣传学校吗？”我说这只是其一，其二是凝聚共识，后者更重要。“平和教育”的推文与很多学校公众号的推文风格不同，教师和学生是主角。在老师们积极撰稿、认真阅读、主动转发的过程中，共识就产生了。除此之外，从 2016 年开始，我每学期开学都要做面向全体教职工的开学演讲，学期结束后校领导班子成员要就分管的工作做演讲，学校每学期还举行平和教师论坛，让一线教师来讲他们在平和的成长故事。

第二，进行一贯制建设。平和的小学部和初中部使用的是国家课程，高中部引入国际课程。小学部、初中部、高中部三个学部相对独立，学校整体办学特征不明显。在过去几年中，学校通过一贯制课程建设，构建了小升初、初升高的直升制度，并且在很短的时间内把高中部做大做强，高中部国际教育的理念快速向初中部和小学部渗透，学校的办学特色与办学目标逐渐清晰。这也是推动飞轮转动的重要一环。

第三，善待教师。平和的目标是打造教育界的最佳雇主，这些年我们采取了多种措施来改善教师的福利待遇与工作环境。教师以校为荣，流动率明显下降，学校也吸引了不少优秀教师加盟，形成良性循环。

第四，走出去办学。这几年平和输出办学的几所分校都不是原有学段课程的简单复制，而是在传承的基础上有所创新。这就形成了一个内部竞争的良性机制，经验型教师与管理者的职业倦怠一扫而空，学校呈现出一种欣欣向荣、充满活力的教育生态。

第五，建设学习型组织。在“平而不庸，和而不同”的校园文化熏陶下，师生充分互动，各种自组织应运而生，教育智慧不断涌现。

2019 年 8 月，我在河南省郑州市举行的一次全国学校领导力峰会上做了一个主旨发言。我提到校长的领导力体现在向上、向外、向前拓展空间上，而不是体现在向下、向内、向后发力上。校长的主要任务是为中层腾出空间，中层能够做的事情，校长要放手让他们做，校长要做其他人不能做但对组织发展十分重要的事情。

心法让我们做对的事情，算法让我们把对的事情做对；心法让我们找到组织的飞轮，算法让飞轮转起来。

3. 技术与艺术

2018 年 4 月 22 日，平和官方微信公众号“平和教育”发表了一篇推文《平和青浦，一个可被称为作品的学校》，这篇文章的内容是我 4 月 21 日在青浦平和双语学校第一次课程说明会上的演讲。

我在演讲中提到，做一件事有三个境界，分别是规范、技巧与艺术。如何进入艺术境界呢？我提出四个要素：

首先是熟悉规则。一艘大船在扬帆起航之前，除了要将自身的漏洞补上之外，还得知道未来会遇到哪些困难，平静的水面下有哪些暗礁。

其次是掌握技巧。每一件事情都至少有三种解决方案。分析完成一件事情的所有可能路径，选择其中的最佳方案，这就是掌握技巧。其中的难点在于，我们往往囿于固有的认知模式而看不到很多路径。这就需要我们进行认知升级，努力看到别人看不到的世界。

再次是回到初心。所谓“回到初心”，就是让自己回归做一件事的最初状态。一个老手要模仿一个新手是很难的，但回到初心很重要。通常来说，要想达到艺术的境界，我们需要抛弃功利心，听从内心的呼唤，做自己真正喜欢的事情。这样，即便再苦再累，也会乐在其中。

最后是融入生命。一个人若是人生境界不高，对生命的感悟不深刻，其作品就很难流传。因此，一件优秀的艺术品，包含了作者所有的认知、技巧，包含了作者对作品本身的理解乃至对生命的理解。我们欣赏一件作品时，往往要回到作品的创作年代，追溯作者的心路历程。

我们今天去青浦平和双语学校，一定会被校园建筑的艺术品位所震撼，它凝聚了设计师与施工方的智慧、情感与生命。学校要真正成为作品，关键在软件，需数十年磨一剑，且世代传承、持续发展、不断创新。

作品是有生命的。我们团队把平和当作自己的孩子，取得了一点儿进步就振奋；被别人肯定就暗中欢喜；看到别的学校有些方面做得很好，内心暗暗较劲；遇到困难与挑战时，不计个人辛劳，一定要克服困难。我们相信，付出的努力不会白费，土里的种子迟早会发芽。

前段时间，我读到南宋词人张孝祥那首著名的《念奴娇·过洞庭》，上阕是这样的：

洞庭青草，近中秋，更无一点风色。玉鉴琼田三万顷，着我扁舟一叶。素月分辉，明河共影，表里俱澄澈。悠然心会，妙处难与

君说。

我们体会一下作者在词中描述的意境。“悠然心会，妙处难与君说。”这是艺术的妙处。这首词真正悠然心会的妙处在下阕，各位若有兴趣，自去找来品读。

三、结语

2019 年，我出版了一本书《学校管理的本质》。书的封面上写了一句话：“学校管理的本质是搭台，是成长，是赋能。”

回首当年，我加入平和，成为初创团队的一员，实是因缘际会，无心插柳。今天，我明确了人生的方向，更要踌躇满志，一往无前。

我们被历史的洪流裹挟着前进时，不妨想一想初心与使命。初心便是使命，使命也是初心。正如狄金森所言：“我们不是年复一年地变老，而是日复一日地焕然一新。”

最后我把《了凡四训》的故事说完。

袁了凡 33 岁时，在栖霞山中遇到云谷禅师，两人对坐一室。云谷禅师问：“汝坐三日，不见起一妄念，何也？”袁了凡答：“吾为孔先生算定，荣辱生死，皆有定数，即要妄想，亦无可妄想。”

云谷禅师随后说出一番长篇大论，如黑暗中的一道闪电击中袁了凡。

袁了凡拜而受教，誓行 3000 件善事，以报天地祖宗之德。

发愿之后，袁了凡只用 10 年时间便完成 3000 件善事，命运开始改变。袁了凡遂立志终身行善。他于 48 岁得子，53 岁中进士。去世时享年 74 岁，比预言多活了 21 年。69 岁时，袁了凡著《训子文》，将“命由我作，福自己求”的道理告诉儿子袁天启。《训子文》影响甚广，后改名为《了凡四训》，流传至今。

图书在版编目（CIP）数据

教育者的认知升级 / 万玮著 . -- 上海：上海教育出版社，2023.10（2024.3 重印）
ISBN 978-7-5720-2299-9

Ⅰ. ①教… Ⅱ. ①万… Ⅲ. ①中小学教育—研究 Ⅳ. ①G63

中国国家版本馆 CIP 数据核字（2023）第 195266 号

策　　划　源创图书
责任编辑　董　洪
特约编辑　吴法源　王　莹
责任印制　梁燕青
内文设计　许　扬
封面设计　奇文云海

Jiaoyuzhe de Renzhi Shengji
教育者的认知升级
万玮　著

出版发行　上海教育出版社有限公司
官　　网　www.seph.com.cn
地　　址　上海市闵行区号景路159弄C座
邮　　编　201101
印　　刷　北京华宇信诺印刷有限公司
开　　本　710×1000　1/16　印张　13.25　插页　1
字　　数　170千字
版　　次　2023 年 10 月第 1 版
印　　次　2024 年 3 月第 2 次印刷
印　　数　6,001—9,000 本
书　　号　ISBN 978-7-5720-2299-9/G · 2038
定　　价　68.00元

如发现质量问题，请向本社调换　电话 021-64373213